LA FRANCE

DRAMATIQUE

AU DIX-NEUVIÈME SIÈCLE,

Choix de Pièces Modernes.

Ambigu-Comique.

LA CLOSERIE DES GENETS,

DRAME EN CINQ ACTES ET HUIT TABLEAUX.

PARIS.

N. TRESSE, ÉDITEUR,

ACQUÉREUR DES FONDS DE J.-N. BARBA ET V. DIXOU,

SEUL PROPRIÉTAIRE DE LA FRANCE DRAMATIQUE,

PALAIS-ROYAL, GALERIE DE CHARTRES, Nᵒˢ 2 ET 3,

Derrière le Théâtre-Français.

1846.

LA FRANCE
DRAMATIQUE
AU DIX-NEUVIÈME SIÈCLE

Choix de Pièces Modernes

Frédéric Soulié

LA CLOSERIE DES GENÊTS

DRAME EN CINQ ACTES ET HUIT TABLEAUX

1808—1905

PARIS

A. TRESSE, ÉDITEUR,
[adresse illisible]

1856

LA
CLOSERIE DES GENÊTS

DRAME EN CINQ ACTES ET HUIT TABLEAUX, PRÉCÉDÉ D'UN PROLOGUE,
PAR M. FRÉDÉRIC SOULIÉ,
MUSIQUE DE M. AMÉDÉE ARTUS,

Représentée pour la première fois, à Paris, sur le théâtre de l'Ambigu-Comique,
le 14 octobre 1846.

D'après un traité, en date du 8 novembre 1842, M. Frédéric Soulié a concédé à M. Tresse ou à son successeur le droit exclusif d'éditer et de publier toutes les pièces de théâtre qu'il fera pendant l'espace de six années, et qui seront représentées sur les différens théâtres de Paris, notamment sur celui de l'Ambigu-Comique.

Personnages.	Acteurs.
LE GÉNÉRAL COMTE D'ESTÈVE... MM.	MATIS.
LE MARQUIS DE MONT CLAIN, colonel des chasseurs d'Afrique.......	MONTDIDIER.
KÉROUAN, fermier du marquis de MONTÉCLAIN, ancien Vendéen.......	SAINT-ERNEST.
CHRISTOPHE, dit ALY, son fils, maréchal-des-logis des chasseurs d'Afrique	MÉNIER.
GEORGES D'ESTÈVE, fils du général..............	LACRESSONNIÈRE.
DOMINIQUE, vieux soldat de la garde impériale, intendant du général....	VERNER.
BRIAS, ami de MONTÉCLAIN...............................	FLEURY.
D'AVATIANNES, procureur du roi............................	LAURÉ.
PORNIC, valet de ferme de KÉROUAN....................	BOUSQUET.
FRANÇOIS, id..............................	BAUDOUIN.
MACLOU, mendiant...........................	MARTIN.
LOUIS, domestique du général........................	THIERRY.
UN DOMESTIQUE DE LÉONA....................	ROCHEUX.
id. DE MONTÉCLAIN.................	SERRES.
LOUISE, fille de KÉROUAN.................... Mmes	GUYON.
LUCILE, fille du général............................	NAPTAL-ARNAULT
LEONA DE BEAUVAL....................	LUCIE.
MADELINE, nièce de KÉROUAN....................	EMMA.
PERRINE, paysanne....................	RIVAL.
MATHURINE, mendiante....................	GARNIER.
Mme DE BRIAS....................	LEMAIRE.
Mlle DE BRIAS....................	BOUTIN.
MARIANNE, fermière....................	LOUISE.

PROLOGUE.

Le théâtre représente un espace clos, à droite du spectateur, par une maison élevée, sur laquelle il y a écrit : HÔTEL DU CHARRIOT D'OR. — En face, on voit quelques mâts pavoisés qui annoncent le commencement d'une lice qui s'étend au loin. — Au fond, et près des mâts, une tente avec des rideaux ouvrant du côté de la scène ; puis un paysage représentant un pays très boisé, au milieu duquel on aperçoit çà et là la cheminée d'une ferme ou le toit d'un château. — A droite et à gauche de la scène, tables pour les buveurs. — Au lever du rideau, il y a beaucoup de monde en scène : on boit, on cause. — A gauche, un groupe de jeunes filles se tenant par la main ; à droite, un jeune homme en costume de chasseur d'Afrique, assis sur le devant de la scène, fume une pipe turque.

SCÈNE I.

MADELINE, PERRINE, PAYSANNES, à gauche ;
ALY, assis à droite ; puis, DOMINIQUE.

MADELINE.

Regardez donc ! comme il est drôlement bouté !

PERRINE.

Qu'est-ce que c'est donc que celui-là ?

MADELINE.

C'en est un qui est arrivé, aux courses de Lamballe, avec des superbes chevaux.

ALY, sans bouger, à part.

Regardez, contemplez, admirez, mes petites Bretonnes... C'est gentil, n'est-ce pas ?... c'est proprement ficelé...

PERRINE.

M'est avis que ce doit être un marquis turc.

MADELINE.

Ah ! v'là le père Dominique... faut lui demander ça à lui, qui a été dans toutes les parties du monde...

ALY, se levant.

Voulez-vous voir la tournure, mes anges ?...
Voilà... faites-vous plaisir...

(Il se promène devant l'auberge. — Dominique entre.)

MADELINE et les autres paysannes, l'entourant.

Père Dominique !... père Dominique !...

ALY, à part.

Dominique... connu !... c'est lui-même... Le général ne doit pas être loin.

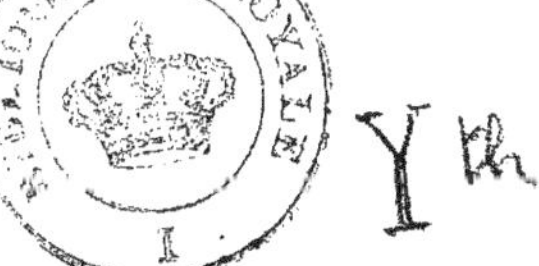

DOMINIQUE.

Eh bien ! qu'est-ce qu'il y a, mes filles !... est-ce que vous voulez me prendre d'assaut ?... sapreblеu !... Voyons, tout à l'heure il y en aura pour toutes ; mais d'abord, il faut que je retienne des places dans la tribune du sous-préfet, pour le général et sa fille...

MADELINE.

Voyons, ne faites pas vos grosses moustaches, père Dominique ; vous savez bien que ça ne me fait pas peur.

DOMINIQUE.

Excepté quand je veux t'embrasser... (Il chante.) Madelon, mon cœur, ma petite Madelon, Madelon !... tonton... ton l...   (Il veut l'embrasser.)

ALY, à part.

Madeline... je connais ça...

MADELINE.

Laissez-moi donc, ou je le dirai à mon oncle Kérouan.

ALY, toujours à part.

Juste, c'est elle... Ah ! comme c'est grandi... de partout.

MADELINE, à Dominique.

En voilà assez... et écoutez-moi.

LES PAYSANNES.

Oui... oui...

MADELINE.

Regardez donc ce drôle d'habit !

DOMINIQUE.

Où ça ?

ALY, à part.

On interroge le vieux de la vieille des vieilles à mon sujet...

MADELINE, montrant Aly.

Celui-là... ce brun...

ALY, se redressant et à part.

Passe ton inspection, l'ancien, et trouve quelque chose à calomnier si tu peux... (Il se promène.)

DOMINIQUE, après avoir regardé Aly.

Ça... ah !... (Avec dédain.) Connais pas.

MADELINE.

Perrine dit que c'est un marquis turc.

DOMINIQUE.

Allons donc !... j'ai eu l'honneur de vivre en Egypte avec la meilleure société de l'endroit, et je n'ai jamais vu de marquis turc établi comme ça...

ALY, à part.

Je crois qu'il me détruit.

MADELINE.

Qui donc que ça peut être ?

DOMINIQUE.

D'où ça vient-il ?

MADELINE.

Il est arrivé, il y a deux heures, de Paris, avec mon parrain, le marquis de Montéclain.

DOMINIQUE.

Alors ce n'est pas quelque chose de grand'chose... Quelque saltimbanque...

ALY, à part.

Bien sûr on me dégrade.

MADELINE.

Avec un bel habit comme ça ?...

DOMINIQUE.

J'ai bien vu des pékins de bourgeois faire monter, derrière leur voiture, des laquais à épaulettes à graines d'épinard... c'est quelque domestique déguisé en prince algérien.

ALY.

Décidément on m'immole... Voyons un peu...
(Il se rapproche doucement.)

MADELINE.

Un domestique... Ah ! tant pis !... sans ça, il serait bien gentil.

ALY, frappant sur l'épaule de Dominique.

La jeunesse a raison, l'ancien... Sous prétexte que vous êtes un vieux de la vieille des vieilles, faut pas dédaigner le soldat moderne.

DOMINIQUE.

Ça ! un soldat ?...

ALY.

Un peu... Premier des chasseurs d'Afrique... pas du tout culotte de peau, mon ancien...

DOMINIQUE.

Chasseur d'Afrique ?... j'ai entendu parler de ça...

MADELINE.

Moi, aussi.

ALY.

C'est qu'ils en font parler.

DOMINIQUE.

Possible... Mais il leur faudra manger bien des croûtes, mon petit, avant de monter au premier bouton de la guêtre d'un grenadier de la vieille.

ALY.

Je ne dis pas... chacun sa gloire. Vous avez conquis l'Europe... c'est bien... et je la respecte. Mais nous conquérons l'Afrique... c'est pas mal... et il ne faut pas cracher dessus... père Dominique.

MADELINE.

Père Dominique ?... Tiens, il vous connaît...

DOMINIQUE.

Il aura lu les Bulletins de la grande-armée... voilà.

ALY.

Dominique Coussu... de Blain ; le sergent du général d'Estève, un autre ancien,... pas du tout sensible... très dur à cuire... comte de l'empire... retraité et retiré à Machecoul, avec une petite fille...

MADELINE.

Ah ! oui... une petite fille !... Mlle Lucile, une des plus belles demoiselles du pays...

ALY.

C'est juste... la petite Lucile a dû grandir comme vous, mademoiselle Madeline.

MADELINE.

Ah bah ! est-ce que vous me connaissez aussi ?

ALY.

Madeline Leroëx, dont les père et mère ont péri en 1815, lors de la prise de Châteaubriant par les fédérés... nièce du père Kérouan, Breton bretonnant, fermier du marquis de Montéclain, chouan de la première en 1795, de la seconde en 1815, de la troisième en 1830... pas mal entêté, décoré de Saint-Louis, et qu'il ne faudrait pas embêter, malgré ses soixante-cinq ans... n'est-ce pas, père Dominique ?

MADELINE.

Mais qui êtes-vous donc, monsieur ?

DOMINIQUE.

Attendez un peu... voyons... Tu as dit premier des chasseurs d'Afrique.

ALY.

Deuxième escadron.

DOMINIQUE.

Et à l'appel, tu réponds au nom de Christophe Kérouan ?...

ALY.

Présent.

MADELINE.

Mon cousin !

DOMINIQUE.

Comment ! c'est toi, gamin ?...

ALY.

Eh ! oui, père Dominique... Comment, vous ne m'avez pas reconnu ?

DOMINIQUE.

C'est que, lorsque tu es parti, il y a six ans... (Montrant ses moustaches.) tu n'avais pas ça...

ALY, découvrant son front et montrant une cicatrice.

Ni ça... (Soulevant sa veste.) Ni ça...

DOMINIQUE.

La croix... Ah ! sapré petit matin !.. c'est bien, très bien... Embrasse-moi !

(Il lui ouvre ses bras ; Aly passe dessous, et va embrasser Madeline.)

ALY.

Allons donc, père Dominique... Et vous, cousine, est-ce que toutes les moustaches vous font peur ?

MADELINE.

Pas les noires...

(Les autres paysannes s'éloignent en riant.)

ALY.

Dame ! père Dominique, quand vous veniez à la ferme avec le général, je vous ai tant entendu raconter des batailles et des tremblemens, des canons et des obus, que je me suis dit : Il faut que j'aille me promener par là...

DOMINIQUE.

Mais pourquoi donc que tu caches ta croix ?

ALY.

C'est une surprise que je veux faire à mon père.

DOMINIQUE.

A ton père ?... Est-ce que tu ne l'as pas vu, ton père ?

ALY.

Est-ce qu'il est ici ?

MADELINE.

Mais puisque vous arrivez de Paris avec le marquis de Montéclain, votre colonel, vous devez bien savoir que le père Kérouan est aux courses, puisque M. le marquis lui a écrit d'y venir.

ALY.

Pas possible !.. M. de Montéclain me l'aurait dit...

MADELINE.

Je le sais bien, puisque c'est moi qui ai lu la lettre à mon oncle ; attendu que, lorsque c'te lettre est arrivée, Louise n'était pas à la ferme.

ALY.

Louise, ma sœur !... Et dis-moi, Madeline, est-elle jolie comme toi ?.. Elle promettait, il y a six ans...

DOMINIQUE.

Et ça n'a pas menti... et, si ce n'était Mlle Lucile, ma foi, je dirais que c'est la plus belle... (Après un soupir.) Oui, la plus belle.

MADELINE.

Allons donc !... est-ce que vous vous y connaissez ?... Certainement, Mlle Lucile est bien... mais ma cousine Louise !... Ah ! dame ! vous serez content, cousin...

ALY.

Mille pistons, je le suis déjà beaucoup... Mais finis-moi donc l'histoire... Tu dis que M. de Montéclain a écrit à mon père ?

MADELINE.

Eh ! oui, d'amener ses petits Bretons aux courses... en ajoutant : « Viens, mon vieux camarade... » Vous savez comme il aime votre père, le marquis... Puis il disait encore : « Je te ménage une surprise qui te fera plaisir. »

ALY.

C'était moi, la surprise... Le bonhomme de père est venu ?...

DOMINIQUE.

Voilà une heure qu'on te le dit... Il est là dans cette tente où l'on donne les papiers civils des chevaux.

ALY, prêt à sortir.

Et tu es venue avec lui... et Louise aussi, sans doute ?

MADELINE.

Oh ! non... elle est restée à la ferme... Il fallait bien y laisser quelqu'un...

ALY, revenant sur ses pas.

Elle n'est pas malade, au moins?...

MADELINE.

Non... Mais, dame!... vous savez... elle a été élevée au couvent avec Mlle Lucile... elle ne rit pas toujours... elle s'ennuie quelquefois...

ALY.

Raison de plus pour sortir, pour venir ici.

MADELINE.

Ah! dame, elle n'a pas voulu... Et ce qu'elle veut, mon oncle n'y trouve rien à dire.

ALY.

Ah! je n'aime pas ça, moi...

DOMINIQUE.

Eh bien! vas-tu venir ici faire des sentences, blanc-bec!... Apprends, petit, que Louise, comme Mlle Lucile, c'est saint, et sacré, et tranquille, et vertueux... C'est pas ton nouveau colonel le marquis de Montéclain, qui t'a appris à les connaitre, ces honnêtes filles...

ALY.

Le fait est que le colonel ne choisit pas les plus... Mais au diable tout ça... Vous dites que mon père est... de ce côté?...

MADELINE.

Je vais vous conduire.

ALY.

Venez donc...

SCÈNE II.

LES MÊMES, LÉONA.

LÉONA, arrêtant Aly au moment où il va entrer dans la tente.

Ah! c'est toi, Aly...

ALY.

Madame la comtesse de Beauval...en Bretagne!..

LÉONA.

M. de Montéclain est-il arrivé?

ALY.

Oui, madame... il est là à déjeûner avec M. de Brias et une demi-douzaine de ses amis du pays. Si vous voulez, je vais lui dire...

LÉONA.

C'est inutile... tu peux me dire ce que je veux savoir...

ALY.

Pardon... mais j'ai une affaire... de rien... ici tout près...

LÉONA.

Un mot seulement... Tu es de ce pays?...

ALY.

Oui... c'est-à-dire de Machecoul, de l'autre côté de la Loire.

LÉONA.

C'est ce que je voulais dire... Connais-tu un certain général d'Estève?

ALY.

Un peu... pour ne pas dire beaucoup. Mais, à supposer que je ne le connaisse pas assez, voilà un ancien qui peut vous en dire du long et du large; il y a trente ans qu'ils ne se quittent pas...

DOMINIQUE, à part.

Je crois bien... à quinze ans, j'étais son brosseur...

LÉONA.

Ce doit être Dominique?...

ALY.

En personne.

LÉONA.

Mais... je ne veux pas... m'adresser... à lui.

ALY.

Pardon, excuse... mais j'ai, de l'autre côté de cette toile, un vieux bonhomme de père à embrasser... et... ma foi... ça me bat la charge dans la poitrine... Viens, Madeline... Pardon, madame... A revoir, vieux vainqueur!

(Il sort avec Madeline.)

SCÈNE III.

DOMINIQUE, LÉONA.

LÉONA, à part.

Georges est-il venu. (Haut.) Monsieur Dominique?..

DOMINIQUE.

C'est à moi que madame se fait l'honneur de parler?.. (A part.) Une connaissance du marquis de Montéclain... pas grand'chose de comme il faut...

LÉONA.

M. le général est venu aux courses, n'est-ce pas?

DOMINIQUE.

Nous ne nous quittons jamais... (A part.) C'est pour le général.

LÉONA.

Mlle Lucile, sa fille, l'accompagne?...

DOMINIQUE.

Elle nous accompagne toujours... (A part.) C'est quelque amie de pension qui aura mal tourné.

LÉONA.

Vous arrivez de Paris?

DOMINIQUE.

Depuis hier..... Mais nous repartons aussitôt après que les chevaux du général auront couru.

LÉONA.

Ah! très bien... Mais... dites-moi, le frère de Mlle Lucile... M. Georges...

DOMINIQUE.

Ah! ah!

LÉONA.

M. Georges d'Estève, le fils du général, est-il venu aussi?...

(Montéclain, Brias et des jeunes gens sortent de l'auberge.)

DOMINIQUE.

M. Georges... (A part.) J'avais raison... c'est quelque... je ne sais quoi...

LÉONA.

Pardon, bonhomme... (Dominique se retourne irrité.) Je vous demande si M. Georges d'Estève est ici?

SCÈNE IV.

LES MÊMES, MONTÉCLAIN, BRIAS, JEUNES GENS.

MONTÉCLAIN, s'approchant et parlant bas.

Oui, il y est, la belle des belles... il y est.

LÉONA.

Eh! bonjour, Montéclain.... bonjour, Brias..... Êtes-vous ici en famille? (Elle leur serre la main.)

BRIAS.

Sans doute... J'ai accompagné ma mère et ma sœur.

MONTÉCLAIN.

Monsieur Dominique, je suis bien votre serviteur.

DOMINIQUE, avec humeur.

Monsieur le marquis, je vous salue...

(Il va vers la tribune, et disparaît.)

BRIAS.

Quel est donc ce sanglier à la moustache hérissée?...

MONTÉCLAIN.

C'est un de mes ennemis les plus acharnés.

BRIAS.

Ça?...

LÉONA.

Cet homme... l'ennemi du marquis de Montéclain?

MONTÉCLAIN.

Ennemi en sous-ordre, à la vérité, corps auxiliaire, complice obéissant... mais qui a mis à me nuire toute l'ardeur d'une haine personnelle. Vous savez qu'il y a six mois il me prit fantaisie de me faire nommer député, et membre du conseil général de mon département...

LÉONA.

Vous, député, Montéclain?... De toutes vos folies, cette prétention est assurément la plus folle... (Brias offre une chaise à Léona.)

BRIAS.

Ne renouvelez pas ses douleurs... Il a échoué de la façon la plus éclatante...

MONTÉCLAIN.

C'est vrai... et c'est à ce maraud que je le dois.

Mme DE BEAUVAL, s'asseyant.

A l'intendant du général d'Estève?...

MONTÉCLAIN.

Qui, en cette occasion, s'était fait l'aide-de-camp, le messager, le postillon, l'interprète, le propagateur des rancunes de son vieux général...

Celui-ci inventait les calomnies, et ce vieux grison les colportait.

LÉONA.

Vraiment... le général d'Estève vous a calomnié?... Comment a-t-il fait?

MONTÉCLAIN.

Il disait que je me grisais quelquefois...

BRIAS.

Il aurait pu dire... souvent.

MONTÉCLAIN.

Jamais, Briars; car c'est après un dîner où tu avais roulé sous la table, que j'ai gagné mille louis au whist à lord Epsom, le buveur d'eau le plus flegmatique de l'Écosse... Ne disait-il pas que je faisais métier de séduire ou de compromettre les femmes?

BRIAS.

Pour ceci, il avait quelque raison. N'as-tu pas insolemment promené dans tout Paris la Mariquitta, Lolotte, la Sessi... et cette délicieuse Labrador, la reine du quartier Bréda?...

MONTÉCLAIN.

Eh! Brias, penses-tu que je les ai séduites, ces charmantes princesses? Et doit-on m'imputer à gloire et à crime d'avoir fait faillir des vertus si illustres par leurs faiblesses?...

BRIAS, à Léona.

Et puis, il est d'une indiscrétion outrageante...

MONTÉCLAIN, bas, à Léona.

Dites-lui donc que ce n'est pas vrai...

LÉONA.

Vous êtes d'une impertinence haïssable.

MONTÉCLAIN.

Depuis qu'on n'aime plus mon impertinence.

BRIAS.

Tu joues un jeu d'enfer.

MONTÉCLAIN.

Je ne connais pas de jeu qui appartienne au ciel.

LÉONA.

Vous riez de tout et de tous...

MONTÉCLAIN.

Et je laisse à tout le monde le droit de rire et de médire de mes défauts... même à ce brave général d'Estève, qui a fait de moi aux électeurs un portrait à faire reculer les plus intrépides.

LÉONA.

Vous le lui permettez, mais vous ne le lui pardonnez pas.

MONTÉCLAIN.

Moi?... et pourquoi?... C'est de bonne guerre... Il ne m'aime pas? je le conçois... il est fils d'un pauvre maître d'école de village... je suis l'héritier des anciens maîtres de son père. — Il est devenu comte de l'empire : mais nous, nous sommes comtes de Montéclain depuis six cents ans. — Il est parti comme soldat de la république, et il a vu sa carrière brisée sous la restauration, au moment où la mienne commençait. — Il a fait dix fois plus que moi pour sa fortune, et le hasard m'a donné dix fois plus de fortune qu'il n'en a... Ne sont-ce pas là d'excellentes raisons pour qu'il me déteste?... Ajoutez à cela que nous sommes voisins de campagne: il a une maison, et moi un château; il a un jardin, et moi un parc; je vois chez lui, et mes terrasses coupent sa vue... et enfin, par dessus tout, il est du temps passé, et moi du temps présent; il est vieux, et je suis jeune; il finit, et je commence.

BRIAS.

Homme plus fort que toi, cependant; car, malgré tous tes avantages, il t'a battu... Et c'est sans doute pour prendre ta revanche, que tu es venu dans cette misérable bourgade... (Riant.) Le lion du sport parisien vient triompher de son ennemi sur le turf breton de Lamballe, en présence des gentlemen riders de Machecoul et de Landerneau!

MONTÉCLAIN.

Pourquoi non, messieurs? C'est un triomphe que je priserais plus haut que vous ne pouvez croire... Et peut-être préférerais-je la rude poignée de main de tous ces durs paysans aux applaudissemens des tribunes léoniennes de Chantilly; car c'est ici ma noble, ma vieille, ma sainte Bretagne!... Ah! ceci est un pays où il fait bon à se venir retremper le cœur et l'esprit!... Oui, lorsqu'on est affadi des plates intrigues de la vie parisienne, quand on est las des sottes comédies de tout ce monde qui se meut sans se tromper, lorsqu'on est dégoûté de ces hypocrisies qui ne cachent même pas le vice, on est heureux de pouvoir rencontrer cette rudesse de langage, où la vérité parle seule; cette probité implacable, qui fait que la parole de votre ennemi est aussi sacrée que celle de votre frère; cette austérité de mœurs, qui fait de l'amour une religion pure.

BRIAS.

En vérité, je ne te savais pas si poétique.

LÉONA.

Et surtout si indulgent pour vos ennemis.

MONTÉCLAIN.

Pour ceux qui sont honnêtes et loyaux, comtesse, je suis juste... et j'en fais gloire.

LÉONA, se levant.

Peut-être pourrait-on trouver à cette justice une cause que vous ne dites pas... La fille du général est une personne ravissante.

MONTÉCLAIN, avec intention.

C'est vrai; elle est admirablement belle, et on la dit également bonne. C'est elle qui console son père des vifs chagrins que lui a causés son fils Georges...

BRIAS.

Est-ce que Georges d'Estève, dont les tableaux ont eu tant de succès cette année, est le fils du général?

MONTÉCLAIN, même jeu.

Précisément, c'est le même qui, en Italie, a fait toutes ces folies scandaleuses pour une certaine dame...

BRIAS.

Quelle dame?

MONTÉCLAIN.

Vous la connaissez, comtesse?

LÉONA, vivement.

Beaucoup...

BRIAS.

Et son nom?...

LÉONA.

Mais je doute que les folies de M. Georges d'Estève pour... cette dame... aient fait grand scandale... car il n'avait alors ni réputation ni fortune.

MONTÉCLAIN, bas.

Je me suis laissé dire que, malheureusement pour sa réputation, le pauvre garçon lui avait donné plus que sa fortune, et...

LÉONA, bas.

Montéclain!.., vous abusez...

MONTÉCLAIN, bas.

Non, mais, au besoin, j'userai... Qu'êtes-vous venue faire ici?

(Brias, les voyant parler bas, s'éloigne de quelques pas avec les autres jeunes gens.)

LÉONA.

Si vous étiez homme à vous venger des injures qu'on vous fait, je vous le dirais peut-être...

MONTÉCLAIN.

Quand on veut la faire mystérieuse, ma chère, on ne court pas dans une foule comme celle-ci, en criant au premier venu : M. Georges d'Estève est-il ici?

LÉONA.

Et vous m'avez répondu qu'il y était...

MONTÉCLAIN.

Et la meilleure preuve que je vous ai dit la vérité, c'est que le voici lui-même.

SCÈNE V.

LES MÊMES, GEORGES.

GEORGES, à part, avec effroi.

C'est elle!... (Il va vers la lice.) Dominique!.. Dominique!...

DOMINIQUE, paraissant à l'entrée de la lice.

Voilà, monsieur Georges...

GEORGES.

Tu as retenu des places?

DOMINIQUE.

Oui, monsieur Georges, trois bonnes... tout près du sous-préfet et à côté de M. le curé.

GEORGES.

Je vais prévenir mon père qu'il peut venir

(Dominique disparaît.)

LÉONA, bas, à Montéclain.

Il s'éloigne!...

MONTÉCLAIN.

Je suis bonhomme, Léona, je vais le retenir... Je vous salue, Georges...

GEORGES, s'arrêtant et revenant au colonel.

Monsieur de Montéclain, je vous salue.

MONTÉCLAIN.

Pourquoi cet abord glacé, Georges?... (Lui prenant la main.) Oubliez-vous que je suis le plus sincère admirateur de votre talent?... Et nous ne sommes pas d'un temps où les fils héritent des préjugés des pères.

GEORGES.

Vous en êtes un exemple, monsieur, et je vous remercie de vos bonnes paroles... Mais je suis arrivé à ce point de dépendance de ne pouvoir écouter des amitiés qui déplairaient à mon père.

(Fausse sortie.)

MONTÉCLAIN.

Je le sais... Mais vous êtes jeune... vous avez du talent... Il ne vous manque que le courage.

GEORGES, jetant un regard sur la comtesse.

Hélas!... Il y a des infortunes contre lesquelles tout courage est inutile.

MONTÉCLAIN.

Peut-être...

GEORGES.

Adieu...

MONTÉCLAIN.

Si vous aviez jamais besoin de moi, dites: au revoir.

(Pendant ce temps, Léona, qui a pris le bras de Brias, a tourné la scène et s'est approchée de Georges.)

LÉONA, bas, à Georges.

Restez... je le veux!...

MONTÉCLAIN.

Allons, Georges, du courage! Adieu, comtesse. Venez-vous, messieurs?... J'ai là deux petits poneys sur lesquels, comme disent le réclames, je fonde les plus belles espérances.

(Ils entrent dans la tente.)

SCÈNE VI.

LÉONA, GEORGES.

LÉONA.

Georges, prenez garde! je puis me lasser de tant de mépris...

GEORGES.

Eh! madame, ne sommes-nous pas séparés pour toujours?... Que me voulez-vous encore?

LÉONA.

Je vous le dirai, Georges... Je vous attends, après les courses, dans cette auberge...

GEORGES.

Je n'irai pas... je ne le veux pas... je ne le peux pas...

LÉONA.

Vous ne savez donc pas de quoi je suis capable?...

GEORGES.

D'un crime?... Accomplissez-le, et débarrassez-moi d'une vie que vous m'avez faite si misérable!

LÉONA.

Encore une fois, Georges, voulez-vous m'écouter?

GEORGES.

Voici mon père! Ah! silence... madame. Qu'arriverait-il, mon Dieu, s'il savait qui vous êtes!...

(Il va au devant de son père.)

LÉONA.

Ah! c'est ainsi!... Eh! bien! malheur à lui, à vous et à tous les vôtres!...

(Elle rentre dans l'auberge.)

SCÈNE VII.

LUCILE, LE GÉNÉRAL, GEORGES, DOMINIQUE.

LE GÉNÉRAL, appuyé sur Lucile.

Eh bien! Georges... où êtes-vous donc?... voilà une bonne heure que je vous attends... Vous savez que je puis à peine marcher... et vous me laissez là, seul avec votre sœur... qui ne peut me soutenir...

GEORGES.

Mon père, c'est seulement à l'instant que je viens de découvrir Dominique, et j'allais vous dire que vos places sont marquées ici...

DOMINIQUE, à l'entrée de la lice.

Je les tiens!

LE GÉNÉRAL, à Georges.

Ah! je sais que vous avez toujours d'excellentes raisons... (Son fils lui offre le bras.) Merci, monsieur, le bras de ma fille me suffira...

LUCILE.

C'est que je suis fatiguée!...

LE GÉNÉRAL.

Tu es fatiguée, pauvre enfant?... Eh bien! arrêtons-nous... prends mon bras... appuie-toi sur moi...

LUCILE.

Je veux bien, mais à une condition... c'est que vous vous appuierez sur mon frère...

LE GÉNÉRAL, après un soupir.

Lucile, Lucile... tu n'es bonne que pour lui...

LUCILE.

Osez répéter cette affreuse parole...

LE GÉNÉRAL.

J'ai tort... j'ai tort... Allons, Georges, venez... donnez-moi votre bras... (Bas.) Ah! si vous aviez voulu m'écouter...

DOMINIQUE.

Par ici, mon général... par ici!

SCÈNE VIII.

LES MÊMES, KÉROUAN, ALY.

KÉROUAN, *sortant de la tente avec Aly.*

Mon général !

LE GÉNÉRAL.

Ah ! bonjour, Kérouan... Georges, n'oublie pas que nous partons après les courses... Va donner les ordres nécessaires...(Georges sort.—A Kérouan.) As-tu bien entraîné, comme ils disent à Paris, les poneys de ton marquis de Montéclain?... Je te dis qu'ils ne valent pas mes petits bretons... Tu verras, tu verras...

KÉROUAN.

Il s'agit bien de tes petits bretons et de mes petits poneys... Il s'agit de ce gaillard-là...

LE GÉNÉRAL.

Ce gaillard-là ?... un chasseur d'Afrique... ton petit Christophe !...

ALY.

Merci de m'avoir reconnu, général.

KÉROUAN, *montrant le galon de sous-officier, la blessure et la croix.*

Et ça, général?... Et ça? et ça?...

LE GÉNÉRAL.

Ah! diable... c'est bien... très bien!...

KÉROUAN.

J'étais ben sûr qu'il se battrait en vrai Breton... Il servait sous les ordres de M. de Montéclain... Ah ! les Montéclain, c'est du sang de vieille race.

LE GÉNÉRAL, *avec humeur.*

Oui-da !...Vieille race qui s'est ralliée à la dynastie de 1830.

KÉROUAN.

C'est vrai... et ça, je l'avoue, ça me flatterait plus s'il l'avait gagnée en servant les autres... mais enfin...

LE GÉNÉRAL.

C'est-à-dire que ça vaudrait la peine de s'en vanter, s'il l'avait gagnée du temps... du temps de l'autre...

ALY, *à part.*

Bon !... on va m'aplatir entre l'autre et les autres...Il paraît que ça n'est pas changé depuis six ans.

KÉROUAN, *s'animant.*

Ah ! dame ! quand nous nous battions dans le Bocage, c'était pour la bonne cause...

LE GÉNÉRAL, *de même.*

Quand nous entrions à Vienne, à Berlin, à Moscou, c'était de la bonne guerre.

ALY.

Pardon, excuse, général... c'est la faute à papa, si je ne suis pas né dans le bon temps. Que voulez-vous? nous faisons ce qu'on nous donne à faire... en attendant mieux.

LE GÉNÉRAL.

Je ne dis pas ça pour toi, mon garçon... Mais vois-tu, toutes ces croix, tous ces colonels, tous les généraux d'à-présent... ça me fait pitié...

Qu'est-ce que c'est qu'une poignée d'Arabes à chasser, lorsque nous avions l'Europe à combattre... Des escarmouches... des surprises... des combats de tirailleurs... comme la méchante petite guerre qu'on faisait dans ce pays-ci...

KÉROUAN, *vivement.*

Il n'est pas moins vrai que tu as été battu plus d'une fois avec tous tes bleus.

LE GÉNÉRAL, *de même.*

Parce qu'on épargnait des populations rebelles et aveuglées par le fanatisme.

KÉROUAN.

Oui-da! en brûlant les villages, en massacrant les prêtres, en fusillant les prisonniers.

LE GÉNÉRAL.

Tu n'as pas le droit de dire ça, Kérouan; on t'a épargné, ce me semble, quoique ce fût une guerre de brigands.

KÉROUAN.

Parmi lesquels il y en a eu qui t'ont ramassé sur le champ de bataille, lorsque tu étais abandonné par les tiens.

LUCILE.

Mon père... mon père...

LE GÉNÉRAL.

Bien, bien !... (Prenant la main de Kérouan.) C'est vrai, Kérouan, et je ne l'ai pas oublié quand il l'a fallu... Mais, du moins, dans ce temps-là, et sous Napoléon, on se battait...

ALY, *allant au général.*

Pardon, général... est-ce que vous croyez qu'on s'embrasse en Algérie?

KÉROUAN.

Et sous Cathelineau, on s'élançait sur les batteries, le sabre au poing, on s'attaquait corps à corps. ...

(Montéclain paraît avec ses amis; il dit un mot à un jockey, qui disparaît.)

ALY, *à son père.*

Est-ce que vous croyez que les Arabes m'ont envoyé ce coup de sabre-là par la poste ?...

KÉROUAN.

C'est égal, il n'y a de vraie croix que la croix de Saint-Louis.

LE GÉNÉRAL.

Il n'y a de bonnes croix que celles données par l'empereur.

SCÈNE IX.

LES MÊMES, MONTÉCLAIN, BRIAS, JEUNES GENS.

MONTÉCLAIN.

Général, l'empereur, comme le roi, les donnait au nom de la France.

LE GÉNÉRAL.

Monsieur de Montéclain !...

KÉROUAN.

Monsieur le marquis !...

MONTÉCLAIN.

Et le soldat qui la gagne à son service doit être fier de la porter.

LE GÉNÉRAL.

Monsieur le marquis de Montéclain, je n'ai pas besoin de vos leçons... Venez, Lucile...

MONTÉCLAIN.

Pardonnez-moi celle-ci, général ; elle est bien humble, près de celle que vous m'avez donnée il y a quelque mois...

LE GÉNÉRAL.

J'ai fait mon devoir de bon citoyen, Monsieur.

MONTÉCLAIN.

Vous devez donc aimer ceux qui le font aussi.. et le mien était de vous dire qu'Aly a fait le sien aussi bien que le plus brave soldat que vous ayez connu.

LE GÉNÉRAL.

Je n'en doute pas, monsieur. Je puis être séparé de vous sur beaucoup de questions...mais je suis convaincu que Christophe est brave, et je sais qu'en servant sous vos ordres il avait devant lui l'exemple du courage et de... Voilà tout... Venez, ma fille...

(Ils saluent Montéclain, qui s'incline profondément devant Lucile, et ils entrent dans l'auberge accompagnés des jeunes gens, amis de Montéclain.)

KÉROUAN, à Aly.

Et toi, va prendre ma place avec ta cousine... Je resterai dans la tente... je vais donner le dernier coup de main à mes petits poneys.

(Aly sort du côté de la lice ; Kérouan entre dans la tente.)

SCÈNE X.

MONTÉCLAIN, BRIAS, puis LÉONA.

MONTÉCLAIN, à part, suivant de l'œil Lucile.

Ah ! qu'elle est belle !

BRIAS.

En vérité, Montéclain ; j'admire ta courtoisie pour cet aigre vieillard...

MONTÉCLAIN.

Regarde sa fille.

BRIAS.

Le fait est que ce serait une belle vengeance !...

MONTÉCLAIN.

Une vengeance !... Fi donc, Brias!.. Contre une enfant innocente, chaste, pure?... ce serait la dernière des lâchetés.

BRIAS.

Tu l'aimes, cependant ?...

MONTÉCLAIN.

Je ne sais pas...

BRIAS.

Comment ! tu ne sais pas ?...

MONTÉCLAIN.

Non... je l'ai rencontrée à Paris, où son père était venu la retirer du couvent, en même temps que la fille de ce vieux Kérouan que tu viens de voir.. Il y a un an à peu près.

BRIAS.

Il y a un an ?... Mais c'était le moment où le ministre de la guerre te renvoya en Algérie, pour faire cesser le scandale de tes amours avec l'illustre Mercédès, la danseuse espagnole.

MONTÉCLAIN.

Erreur, Brias... c'est moi qui demandai à partir.

MONTÉCLAIN.

Un soir, à l'Opéra, je vis entrer une jeune fille, dans une loge en face de la mienne... A son aspect, ce fut pour toute la salle un frémissement d'admiration. Tu sais si j'ai l'esprit contrariant... J'avais deviné Lucile à son père et à son frère qui l'accompagnaient... et je me mis à soutenir, avec la plus imperturbable obstination, qu'elle était laide et commune. J'étais avec Cavaillan et Delortal... tu sais, ces lions à la suite, qui n'ont ni l'esprit d'inventer un habit, ni le courage d'avoir une opinion. Ils se rangèrent de mon avis... jamais je ne les trouvai plus niais et plus plats. Cependant on continuait à admirer, à chuchotter.. je fus assez sot pour essayer de lorgner Lucile, en riant, avec une persistance peu polie... Le général devint pâle et Lucile rougit... Je me détournai... non devant le regard foudroyant du général, mais devant un rayon de lumière, calme, limpide, céleste, et venu des yeux de Lucile. Je me jetai avec humeur au fond de ma loge, car Mercédès venait d'entrer en scène, et la salle avait éclaté en applaudissemens... Tous les regards, toutes les admirations, tous les transports s'étaient détachés de cette blanche et naïve enfant pour s'adresser à ma belle Espagnole, qui courait, qui bondissait, qui volait sur la scène, et que, pour la première fois, j'étais seul à ne pas applaudir... (Léona paraît.) Car, enchaîné par je ne sais quelle force aimantée, j'épiais Lucile du fond de ma loge... j'admirais ses joies naïves, ses étonnemens enfantins, ses virginales émotions... et, malgré moi, je me disais : « Oui, là, sur cette scène est la beauté, la fougue, la passion, l'éclat de la conquête, l'envie de mille rivaux... mais là-bas est l'innocence, le calme, la dignité... l'estime dans l'amour, la sécurité dans le bonheur...» Et peu à peu je fis si bien, je rêvai tant à ce contraste, et à cet ange posé là devant moi, que le soir même...

BRIAS.

Tu aimais Lucile?

MONTÉCLAIN.

Non ; mais je n'aimais plus Mercédès... et le lendemain je partais pour l'Algérie.

BRIAS.

Et tu as bien fait... Que diable veux-tu qu'il arrive de bon de ton amour pour Mlle d'Estève ?

LÉONA.

Je vais vous le dire, Brias.

BRIAS.

Je serais curieux de l'apprendre.

MONTÉCLAIN.

Et moi aussi... voyons, Léona, qu'arrivera-t-il ?

LÉONA.

Il arrivera que vous ferez si bien, que la jeune fille s'apercevra de votre amour, si ce n'est déjà fait...

MONTÉCLAIN.

Très bien... très bien !...

LÉONA.

Il arrivera que la petite personne en sera très flattée... car enfin, l'hommage du marquis de Montéclain mérite qu'on le remarque...

MONTÉCLAIN, s'inclinant et à mi-voix.

Vous avez de la mémoire, Léona.

LÉONA.

Mais, il arrivera, d'un autre côté, que le père s'apercevra, à son tour, des œillades passionnées du marquis et des virginales émotions de la fille... Il mettra le premier à la porte...

MONTÉCLAIN.

J'y suis depuis long-temps.

LÉONA.

Alors, il bouchera les fenêtres, il cloîtrera la demoiselle... M. de Montéclain, qui est un don Juan, comme tout le monde sait, ne voudra pas faire moins que Guzman, qui ne connaît pas d'obstacle : il séduira les valets du ciel où logera cet ange, il tentera des escalades sataniques... De son côté, la jeune personne accueillera ces tentatives amoureuses avec d'autant plus d'empressement que son père le lui défendra avec plus d'obstination... On pleurera, on criera, on se désolera... et, comme le père restera implacable, on organisera un enlèvement, une fuite... et l'ange aux blanches ailes tombera du ciel dans les bras de M. de Montéclain.

BRIAS.

Cela me paraît assez probable.

MONTÉCLAIN.

Ceci me semble du dernier vulgaire ; et, comme je n'ai aucune envie d'être ridicule... je pars pour Nantes dans deux heures...

LÉONA.

Vous partez ?...

MONTÉCLAIN.

Oui.... j'ai quelques renseignemens à demander à mon oncle d'Hérici.

LÉONA, vivement.

Sur quoi?

MONTÉCLAIN.

Sur la mort d'une certaine Isabelle Pommier... qui a disparu il y a quatre ou cinq ans.

LÉONA, un moment troublée, se remettant.

Bon voyage, marquis... et bonne chance.

(En ce moment, on entend le premier son de fanfares. — Une foule nombreuse de dames, d'élégans, d'officiers, de jockeis, de paysans, en tête desquels marchent les autorités du pays, entre et se dirige du côté de la lice.)

SCÈNE XI.

LES MÊMES, et successivement LE GÉNÉRAL, LUCILE, AMIS DE MONTÉCLAIN, DOMINIQUE, KÉROUAN, ALY.

LE GÉNÉRAL, entrant avec Lucile et appelant.

Dominique !... Dominique !...

DOMINIQUE, sortant de la tente.

Général !

LE GÉNÉRAL.

Dis à Louis de se ménager... qu'il se laisse passer d'abord... Nos petits bretons ont un fonds du diable... mais il faut les échauffer peu à peu.

DOMINIQUE.

C'est dit, général, c'est dit...

(Il rentre dans la tente ; Lucile et le général sortent du côté de la lice.)

MONTÉCLAIN, à Léona.

Tenez, voilà les courses qui vont commencer : voulez-vous essayer votre chance contre la mienne ?...

LÉONA.

Volontiers ; et pour cela, voulez-vous monter chez moi ?... le balcon de mon appartement domine le champ de bataille ; nous y serons mieux que dans cette tribune, où va se prélasser votre ennemi.

MONTÉCLAIN.

J'accepte... Voulez-vous prendre mon bras ?

KÉROUAN, sortant de la tente.

Ah ! ben... v'là un malheur... Eh ! ben, ils sont gentils, vos jockeis de Paris !... Le vôtre que vous aviez amené empaqueté dans une boîte, il est là ivre-mort.

MONTÉCLAIN.

Bah !... (A part.) Je ne lui avais pas dit d'aller si loin.

KÉROUAN.

Vous m'avez écrit qu'il était inutile d'amener Pornic, de façon que nous n'avons plus personne.

MONTÉCLAIN.

Nous trouverons quelqu'un.

KÉROUAN.

Oui-da ! avec ça que Louis, le jockey du général, est le meilleur cavalier du pays.

LÉONA.

La chance ne s'annonce pas pour vous, Montéclain.

MONTÉCLAIN.
Voulez-vous me permettre d'essayer de la ramener ?...

LÉONA.
Faites... Mais j'offre vingt louis contre vos poneys.

MONTÉCLAIN.
J'accepte... Brias, voulez-vous être un moment le chevalier de madame ?...

BRIAS.
Volontiers.

LÉONA.
A tout à l'heure.
(Ils sortent et reparaissent bientôt au balcon de l'hôtel.)

MONTÉCLAIN.
Où est ton fils ?

KÉROUAN, montrant du côté de la lice, à gauche.
Là.

MONTÉCLAIN.
Appelle-le...

KÉROUAN.
Est-ce que vous avez envie de le faire monter à cheval avec cet attirail d'uniforme ?... Il pèsera vingt livres de plus que l'ordonnance.

MONTÉCLAIN.
Ça me va.

KÉROUAN, appelant.
Hé ! Christophe... Christophe !... Est-ce qu'il est sourd ?...

MONTÉCLAIN.
Non, mais il a peut-être un peu oublié ce nom-là... (Appelant.) Aly !... Aly !...

ALY, en dehors.
Colonel !...

MONTÉCLAIN.
Viens ici...

ALY, accourant.
Voilà !...

MONTÉCLAIN.
Ecoute-moi bien... Notton vient de se griser... par ordre... veux-tu monter le petit poney bai-brun ?
(On entend un second appel de fanfares, Montéclain parle bas à Aly.)

KÉROUAN.
Bon! voilà le second signal. (Il va au fond.) Un moment... un moment...

ALY.
Hein !... c'est la première fois que vous me demandez ça, colonel.

MONTÉCLAIN.
J'y tiens... je désire faire plaisir au général.

ALY.
En ce cas, je comprends... Si son petit Breton a le prix, il le croira l'égal d'Abd-el-Kader pour la course.

KÉROUAN.
Allons, allons ! voilà les chevaux qu'on amène.

MONTÉCLAIN.
Tu m'as entendu ?

ALY.
C'est difficile, mais on essaiera.

KÉROUAN.
Je vas reprendre ma place là-haut.

ALY, sortant par la tente.
Je ne vous le conseille pas.

KÉROUAN, suivant son fils.
Hein !... plaît-il ?

UNE VOIX, du dehors, du côté de la lice.
Silence !... et place, messieurs !...

LÉONA, du balcon, à Montéclain.
Et mes vingt louis ?...

MONTÉCLAIN.
En voulez-vous quarante ?

LÉONA.
Avec plaisir.

LA VOIX, du dehors.
Laissez aller !...
(Pendant tout le temps que dure la course, on entend une musique lointaine. — Kérouan ressort de la tente une échelle à la main.)

MONTÉCLAIN.
Eh bien ! tu ne montes pas...

KÉROUAN.
Il va faire quelque bêtise... Il se sera gâté au service... A Alger, vous n'avez que de méchans Arabes, au lieu que nos petits poneys...

BRIAS, sur le balcon.
Ah ! Léona, Léona... vos quarante louis sont distancés...

MONTÉCLAIN, à lui-même.
Le misérable est capable de gagner.

KÉROUAN, allant appliquer son échelle contre un arbre, du côté de la lice et montant.
Je savais bien qu'il gagnerait...

LÉONA, du balcon.
Voyez comme le jockey du général reprend son avantage.

MONTÉCLAIN, en bas.
A la bonne heure !...
(Cris et bravos lointains.)

KÉROUAN, qui a descendu l'échelle.
Bon !... le voilà battu...

MONTÉCLAIN, à Léona.
Soixante louis... je connais mon poney...

LÉONA.
Cent !

MONTÉCLAIN.
Soit... Je suis sûr d'Aly.

BRIAS.
Il a raison... Il gagne du terrain.

KÉROUAN, remontant sur l'échelle.
Le colonel a confiance... voyons un peu.

SCÈNE XII.

LES MÊMES, PORNIC.

PORNIC.

Ah ça!... oùsqu'ils sont donc tous?... Mon parrain !... mon parrain !...

(Nouveaux bravos et cris lointains.)

MONTÉCLAIN.

Eh ! c'est toi, Pornic... qui cherches-tu donc?

PORNIC.

Monsieur le marquis... Eh bien ! je cherche le père Kérouan, mon parrain.

MONTÉCLAIN.

Tiens, le voilà... Je crois que tu lui rendras service en l'empêchant de voir la défaite de ses poneys...

PORNIC.

Tant mieux ! il n'a pas voulu m'emmener... tant mieux, tant mieux !... Où qu'il est ?

MONTÉCLAIN.

Eh bien ! là...

PORNIC, au pied de l'échelle.

Mon parrain !...

(Nouveaux bravos au dehors.)

KÉROUAN, sur l'échelle.

Ah ça ! mais... qu'est-ce qu'il fait donc ? Rends donc la main, malheureux !...

PORNIC.

Mon parrain ! mon parrain !...

KÉROUAN.

Qu'est-ce que c'est que ça ?... Mais il le fait exprès !...

MONTÉCLAIN, à part.

Je l'espère bien !

LÉONA, BRIAS, TOUT LE MONDE, en dehors.

Ah ! bravo ! bravo !...

(Les applaudissemens éclatent avec plus de force.)

LÉONA, d'en haut.

Vous me devez cent louis, colonel.

MONTÉCLAIN.

J'en aurais parié mille...

KÉROUAN, descendant de son échelle et marchant sur la scène l'échelle à la main.

Ah ! le maladroit, l'imbécile... Ils appellent ça monter à cheval... Ça ne m'étonne pas s'ils n'attrapent pas... l'abbé Cadé.

PORNIC.

Mon parrain, je suis venu...

KÉROUAN.

Laisse-moi tranquille...

(Il va porter son échelle dehors. — Pornic s'attache à ses pas. — En ce moment, une portion de la foule venue aux courses traverse le fond du théâtre; puis paraît le général, appuyé sur Dominique.)

LE GÉNÉRAL, au bras de Dominique, rencontrant Montéclain qui se promène en riant.

Ah ! monsieur le marquis, monsieur le marquis, nous valons quelque chose encore, nous au-tres du temps passé... Si nous ne pouvons plus courir... nous savons faire courir... (A la cantonade.) Lucile, Lucile, je suis à toi dans un moment... Je veux aller voir mon pauvre Louis... Ah ! il a bien mené la course... Au revoir, colonel, au revoir...

(Il entre dans la tente, avec Dominique.)

MONTÉCLAIN, à part.

En vérité, une pareille joie vaut bien cent louis... Je suis sûr qu'il me déteste moins.

KÉROUAN, rentrant, toujours suivi de Pornic.

Je ne le pardonnerai pas à Christophe.

PORNIC.

Mon parrain !...

KÉROUAN.

Que le diable t'emporte !

MONTÉCLAIN, à part.

Ce pauvre Kérouan, il pourrait bien m'en dire autant. Laissons passer sa colère et allons d'abord consoler Aly.

(Il va vers la tente et y rencontre Lucile, qui vient de la tente, suivie de Mlle et de Mme de Brias et de plusieurs autres dames avec leurs cavaliers. — Brias a rejoint sa mère. — Montéclain salue Lucile et entre dans la tente. — Lucile accompagne la société qui est avec elle jusqu'à la sortie de droite, au fond; la société sort. — Lucile va entrer dans l'auberge, mais l'aspect de Pornic et ce qu'elle entend de la scène entre Kérouan et Pornic, qui a toujours continué pendant tous ces mouvemens, l'arrête.)

KÉROUAN, à lui-même, marchant à grands pas sur la scène.

Parce que ça vient de Paris ou d'Alger... ça croit tout savoir.

PORNIC, le suivant.

C'est vrai, ça.

KÉROUAN.

Parce que ça trotte à l'exercice sur un mauvais cheval de remonte...

PORNIC.

Des rosses, des vraies rosses...

KÉROUAN.

Ça se croit capable de mener des bêtes de prix, qui ont des pieds de feu, une bouche d'enfant... Ah ! l'imbécile.

PORNIC.

Oui, l'imbécile !...

KÉROUAN, se retournant.

Tu dis?...

PORNIC.

Je dis l'imbécile...

KÉROUAN.

Comment? c'est comme ça que tu parles de mon fils, toi... mauvais gars ?

PORNIC.

Vot' fils? vot' fils?... Tiens, c'est donc lui... Bon ! tant mieux !

KÉROUAN.

Ah ! tant mieux !
(Il lui donne un coup de poing.)

PORNIC.

Parrain... parrain... doucement... Tant pis...
je voulais dire tant pis !

KÉROUAN.

Mais me diras-tu ce que tu es venu faire
ici ?...

PORNIC.

Eh bien ! voilà : hier, mamselle Louise...

KÉROUAN.

Ma fille ! Est-ce qu'il lui est arrivé quelque
chose ?...

LUCILE.

Louise !... ils parlent de Louise...
(Elle s'approche.)

PORNIC.

Elle a fait comme qui dirait un petit paquet...
puis elle m'a dit comme ça : « Je vas passer quelques jours chez ma tante, à Guérande. »

KÉROUAN.

Eh bien ! après ?...

PORNIC.

Puis, elle a ajouté : « Si, lorsque mon père re-
viendra des courses, je n'étais pas revenue, tu lui
remettras cette lettre. »

KÉROUAN.

Cette lettre ?... Pourquoi donc me l'apportes-tu
ici ?...

PORNIC.

C'est qu'en me disant ça, mamselle Louise avait
la voix étranglée, les yeux trempés... et j'ai eu
peur.. Alors j'ai pris la carriole, attelé Lambine,
et je vous ai apporté la lettre.

KÉROUAN.

La lettre... (Appelant.) Madeline, Madeline !...
Où est-elle à présent ?... Imbécile, qui m'apporte
cette lettre... Tu sais ben que je ne sais pas lire.
Madeline !...

LUCILE, s'approchant vivement.

Ne puis-je la remplacer, père Kérouan ?

KÉROUAN.

Comment donc ? ça me fait honneur et plaisir... Vous êtes l'amie de Louise... et s'il lui est
arrivé un malheur... je suis bien sûr que ça vous
fera de la peine... (Il s'aperçoit que Pornic regarde
avec curiosité.) Eh ben ! qu'est-ce que tu fais là,
toi ?...
(Il prend Pornic par l'oreille et le mène au fond.)

LUCILE, à part, après avoir parcouru la lettre.

Grand Dieu !

KÉROUAN, revenant.

Mais dépêchez-vous, dépêchez-vous... il m'a mis
le cœur tout sens dessus dessous... Qu'est-ce
qu'elle dit ? Est-ce qu'elle est malade, par hasard ?...

LUCILE, maîtrisant son trouble.

Non... non.

KÉROUAN.

Mais que me dit-elle ?...

LUCILE.

Que c'est sa tante Bisson, de Guérande, qui est
malade, et qu'elle part pour la soigner.

KÉROUAN.

Ah ben !... il me l'a dit... Et il n'y a pas autre
chose ?

LUCILE.

Non, pas autre chose...

KÉROUAN, prenant la lettre.

C'est singulier...

MONTÉCLAIN, sortant de la tente.

Eh bien ! mon pauvre Kérouan, es-tu remis de
ta colère contre Aly ?...

KÉROUAN, prenant Montéclain à part.

Un mot, monsieur le marquis...
(Il lui parle bas.)

MONTÉCLAIN.

Tu veux que je te lise cette lettre ?...

KÉROUAN.

Oui, tout de suite.

LUCILE, à part.

Oh ! mon Dieu, elle est perdue !...

MONTÉCLAIN, à part.

Comme Lucile est inquiète... prenons garde...
(Haut.) Mais il me semble que Mlle Lucile vient
de te la lire...

KÉROUAN.

C'est vrai... mais... elle n'a pas bien lu... Enfin,
lisez-la-moi...

MONTÉCLAIN.

Soit... (A part, après avoir parcouru la lettre.) Ah !
mon Dieu !...

KÉROUAN.

Eh bien ?...

MONTÉCLAIN.

Eh bien !... que t'a dit Mlle d'Estève ?...

KÉROUAN.

Que Louise partait pour aller à Guérande.

MONTÉCLAIN, à part.

Oh ! noble enfant !... (Haut.) Eh bien ! c'est
cela... Louise a été à Guérande.

KÉROUAN.

Près de sa tante Bisson, qui est malade...

MONTÉCLAIN.

Près de sa tante Bisson qui est malade... Eh
bien ! mon brave, il n'y a pas dans cette lettre
autre chose que ce que t'a dit mademoiselle...
que je prie d'agréer l'hommage du respect le plus
sincère et le plus profond...

LUCILE, à part.

Oh !... il m'a comprise...

KÉROUAN.

C'est étrange... la lettre me paraissait plus longue...

MONTÉCLAIN.

C'est qu'elle y a joint quelques comptes pour
les fermages de cette année.

KÉROUAN, tendant la main pour prendre la lettre.

Ah!...

MONTÉCLAIN, la retenant.

Je les relèverai, et nous réglerons.

(Il met la lettre dans sa poche.)

LUCILE, entrant dans la tente.

Oh! pourvu que j'arrive avant Kérouan.

LE GÉNÉRAL, sous la tente, appelant.

Dominique! Dominique!... Es-tu prêt?

(Aly entre.)

KÉROUAN, à Aly.

Tu as bien travaillé, mon gars... je t'en fais mon compliment!

MONTÉCLAIN, bas.

Merci, mon brave Aly.

ALY, à Montéclain.

C'est égal, si je n'avais pas mieux débuté dans le régiment, j'aurais déjà pris ma retraite.

KÉROUAN.

Je vais te montrer comment on marche, monsieur Christophe... (A Pornic.) Tu as amené la carriole, toi?...

PORNIC, regardant Aly des pieds à la tête.

Est-il farce... Christophe...

KÉROUAN.

Je te demande la carriole, imbécile...

PORNIC.

Eh bien! elle est là, derrière le mur de l'auberge.

KÉROUAN.

En ce cas, en route...

(Lucile sort de la tente avec le général.—Dans le même moment où Léona sort de l'auberge avec les jeunes gens, Brias arrive du fond.)

LUCILE.

Ah! mon père... partons, partons!...

LE GÉNÉRAL.

C'est ça... nous ferons route avec Kérouan...

LUCILE.

Oh! mon Dieu!...

(Elle jette un regard à Montéclain.)

MONTÉCLAIN, qui a compris.

Pardon, général... mais j'ai besoin de Kérouan et d'Aly... pour quelques jours.

LE GÉNÉRAL.

Monsieur, Kérouan est votre fermier... c'est juste...

KÉROUAN.

Mais, monsieur le marquis...

MONTÉCLAIN.

Je le veux... Tu resteras aussi, Aly...

PORNIC.

En ce cas, je repars tout seul...

MONTÉCLAIN.

Et toi aussi, Pornic, tu resteras... Je veux encore tenter la fortune demain.

LÉONA, à part.

Ah! il ne part pas.

MONTÉCLAIN.

Adieu donc, général.

LE GÉNÉRAL.

Je vous salue, colonel...

LUCILE, bas, à Montéclain.

Ah! merci... pour elle, monsieur.

MONTÉCLAIN.

Puissiez-vous la sauver!...

LÉONA, à elle-même.

Ah! l'on se parle bas... Georges... Georges... je te punirai de l'insolence de ta famille!...

(Le général, Lucile et Dominique s'éloignent par la droite; Léona donne le bras à Montéclain. — Le rideau tombe.)

FIN DU PROLOGUE.

ACTE PREMIER.

Le théâtre représente la cour de la ferme de Kérouan. — A gauche, la maison avec un escalier extérieur d'une seule rampe, conduisant à la chambre de Louise. — Du même côté, au premier plan, la porte du cellier. — Le fond est fermé par une haie entrecoupée de grands arbres. — L'entrée de la cour est fermée par une barrière faite de deux pièces de bois transversales. — A droite, au premier plan, un puits, et, un plan plus haut, un hangar. — A gauche, au pied de l'escalier, une grande table et quelques tabourets de bois. — Au lever du rideau, les gens de la ferme sont en scène, occupés de divers travaux; Louise est assise et accoudée près de la table, Madeline travaille près d'elle; Pornic remplit des pichés.

SCÈNE I.

KÉROUAN, LOUISE, MADELINE, PORNIC, FILLES et GARÇONS de charrue; VALETS de ferme dans la cour, puis PERRINE.

KÉROUAN, paraissant au haut de l'escalier, puis descendant.

Allons les gars, c'est l'affaire d'une heure pour rentrer ce restant de sarrasin qui est dans la pièce du bas, et finir de faucher le regain à côté... Dépêchons, dépêchons!... et après ça, dame! la fête tant qu'il y en aura... et il y en aura; c'est notre maître, M. le marquis de Montéclain qui la mène, comme faisait le seigneur autrefois; — et il a fait comme autrefois, lorsqu'il n'y avait pas de dame au château : il a choisi une paysanne pour être la reine de la fête... et celle qu'il a choisie, c'est Louise... ma belle et bonne Louise.

(Les paysans rentrent sous le hangar.)

LOUISE, avec un soupir, à part.

Ah! pourquoi m'a-t-il choisie !...

KÉROUAN.

Quelle gloire pour toi !... Et puis, dame! v'là deux mois que tu languis, et que tu n'as pas quitté la ferme. Crois-moi, fillotte, le plaisir et la danse sont de bons remèdes à ton âge.

LOUISE, à part.

Le plaisir ! la danse !... Ah! mon Dieu...

(Elle essuie une larme.)

KÉROUAN.

Eh bien! petiote, est-ce que ça va te reprendre?... est-ce que tu souffres encore?...

LOUISE.

Non, mon père, non... je suis tout à fait bien maintenant... Vous voyez, je suis prête à faire tout ce qu'il faut...

KÉROUAN.

Et il faut que ça soit bien fait, pas vrai, Louise? (A Pornic et Madeline.) Allons, vous autres, apportez le pain et le cidre. (Madeline sort et reparait suivie de Perrine apportant comme elle des galettes.) Tu n'es reine que pour un jour; mais pour ce jour-là, je veux qu'il soit dit qu'il n'y aura pas de pauvres dans le pays. C'est le vieil usage, et l'usage est bon... C'est toi que ça regarde, Louise... n'épargne rien.

PORNIC, remplissant toujours ses pichés.

Il me semble qu'en v'là assez pour un jour.

KÉROUAN.

Eh ben ! quand il leur en resterait un brin pour demain, où serait le mal ?

MADELINE, à Pornic.

Ce n'est pas toi qui ferais ça, avaricieux.

PORNIC.

Avaricieux... parce que j'aime autant manger mon pain que de le faire manger aux autres.

LOUISE.

Mon père... ne restez-vous pas pour jouir du bien que vous faites ?

KÉROUAN.

Ah! j'ai une bien autre corvée : Pierre vient de me dire que le général qui, tu le sais, doit venir ce matin, s'est entêté à prendre le chemin de la Croix-des-Trépassés.

LOUISE.

Mais ce chemin est impraticable...

KÉROUAN.

Il est comme ça, ce vieux Simon... Parce que, du temps de son empereur, il a couru à son aise à travers tous les chemins du monde, il s'imagine qu'on dompte aussi aisément les chemins creux de notre vieille Bretagne... Nenni da! nous y avons plus d'une fois embourbé les bleus, et je crois bien que le général y resterait, si je n'allais au devant de lui avec du renfort...

LOUISE.

Faites donc, mon père... et surtout ne vous moquez pas trop de lui.

KÉROUAN.

Pourquoi pas?... est-ce parce qu'il est comte et général... que je ne...

(Apparition des mendians qui s'arrêtent à la barrière.)

LOUISE.

Non... c'est qu'il est malade...

KÉROUAN.

Oui... oui... tu as raison... (Aux paysans qui sortent du hangar avec des faux, etc.) Allons, vous autres, aux champs; et toi, François, amène les chevaux là-bas, tu sais...

PORNIC, abaissant l'échalier.

Allons! allons! les pauvres, ne barrez donc pas le passage.

KÉROUAN.

Eh bien! butor...(Il pousse Pornic.) tout ce monde-là c'est nos hôtes et nos frères aujourd'hui... et si ma fille était une vraie reine, ce serait tous les jours la même chose. (Aux pauvres.) Entrez, mes enfans... (Ils entrent.) Passez maintenant, vous autres. (Les valets de la ferme sortent; il va vers un pauvre.) Tiens... c'est... (Le pauvre se détourne ; Kérouan revient près de sa fille.) Dis donc, fille ! tu vois bien ce vieux là-bas?...

LOUISE.

Oui, père...

KÉROUAN.

Ça n'est pas grand'chose de bon .. il aurait pu travailler plus et boire moins... je le lui ai dit souvent... mais c'est égal, il s'est battu autrefois avec moi contre les bleus...Tu lui donneras double ration et tu lui glisseras ces deux pièces de six livres.

LOUISE.

Qui, père, oui...

KÉROUAN.

Allons, les braves gens... allez... allez... et vous prierez Dieu un brin pour ma fille... n'est-ce pas ?...

TOUS.

Oui, oui...

KÉROUAN.

A tout à l'heure, fille... à tout à l'heure... (Il sort par le fond ; Louise l'accompagne un moment.)

∞∞∞∞∞∞∞∞∞∞∞∞∞∞∞∞∞∞∞∞∞∞∞∞∞∞∞

SCENE II.

LES MÊMES, moins KÉROUAN, MATHURINE, MACLOU, PAUVRES.

PORNIC.

Peut-on manger son bien comme ça !...

MADELINE.

On dirait que tu n'es pas Breton... Tu ne sais donc pas le proverbe : Quand on jette deux grains de blé à un oiseau, il en mange un, et le bon Dieu fait un épi de l'autre ?

LOUISE, descendant la scène, les pauvres s'avancent un à un ; Perrine a aidé Madeline à placer les pains sur la table. — A Perrine.

Ah ! te voilà, Perrine... Comment va ton frère? (Elle commence la distribution aux pauvres.)

PERRINE.

Que la bénédiction du bon Dieu soit sur vous et votre maison, Louise Kérouan : il se remet... il pourra travailler... dans une quinzaine.

LOUISE.

Eh bien ! qu'il vienne... il trouvera toujours de l'ouvrage ici. (Perrine s'éloigne, et des pauvres passent et reçoivent l'aumône de Louise ; le vieux chouan Maclou approche, Louise lui donne un pain et lui glisse l'argent; il fait un mouvement.) C'est mon père qui le veut...

MACLOU.

Merci... je me griserais... Gardez ça plutôt pour cette petite fille, derrière moi : je suis seul, et elle est deux. Allons, approche Mathurine...

(Une femme s'approche timidement.)

PORNIC et DES PAUVRES.

Non... non... pas elle...

PORNIC, allant à la jeune femme et la repoussant.

Qu'est-ce que c'est que ça ! Mathurine?.. Veux-tu bien t'en aller, malheureuse !

LOUISE.

Pourquoi la chasser ?... et qu'a-t-elle donc fait ? (Louise va vers Mathurine.) Eh bien ! ma fille... eh bien ! approche.

PORNIC, pendant que Louise ramène la pauvresse.

Vous ne savez donc pas qui elle est ?..

LOUISE.

Je sais qu'elle pleure, qu'elle souffre, qu'elle a faim peut-être.

PORNIC.

Eh bien ! tant pis pour elle, elle l'a mérité... Sa tante lui a pardonné sa faute... mais elle s'y est obstinée...

LOUISE.

Quelle faute ?

PORNIC.

Au lieu de mettre son enfant à l'hospice...

LOUISE, à part.

Son enfant...

PORNIC.

Elle a mieux aimé le nourrir que de travailler pour sa bonne vieille tante.

LOUISE.

Ah !... pauvre fille... venez...

PORNIC.

Aussi elle est bien lotie... sa tante l'a chassée, et la v'là tendant la main...

LOUISE.

Tais-toi, malheureux, tais-toi... Asseyez-vous là...Continue, Madeline.

(Madeline et Perrine continuent la distribution.)

PORNIC.

Quand je vous dis...

MADELINE.

Veux-tu te taire, mauvais cœur !..

(Elle le pousse.)

LOUISE, à Mathurine.

Ainsi, c'est pour avoir gardé votre enfant qu'on vous a chassée ?

MATHURINE.

Oui... mamselle... oui... Ma tante me disait : «Mets-le aux enfans de l'hospice, et on ne saura rien. » Mais moi je me suis dit : Si Dieu peut me pardonner de ne pas avoir été une honnête fille, ce sera parce que j'aurai été une bonne mère...

LOUISE, à part.

Et c'est elle qu'on maudit. (Haut, lui donnant plusieurs pains.) Tenez... tenez, prenez pour vous, pour votre enfant...

MATHURINE.

Oh ! merci... merci. Pauvre petiot, comme y va me rire en me voyant revenir avec du bon pain frais !

LOUISE.

Il vous connaît ?... il vous sourit ?...

MATHURINE.

Oui-da... je l'ai laissé là tout près sous la saulaye... il est si gentil, mamselle, quand il tappe
dans ses petites mains en me disant : « Maman...
maman ! »

LOUISE.

Ah !.. vous avez bien fait ; votre dévoûment vous
absout de votre faute ! Les caresses de votre enfant vous consoleront de la honte. Allez... allez...
Tenez... prenez cet argent... (Elle s'arrête et remet
les écus dans sa poche. — A part.) pas celui-là.....
C'est celui de mon père... et il ne le donnerait
pas à un pareil malheur... (Haut.) Voilà ma bourse... Allez, persévérez, Dieu vous pardonnera.

MATHURINE.

Qu'il vous sauve aussi, mamselle...

LOUISE.

Puisse-t-il vous entendre !... Allez... allez...
(Mathurine s'éloigne avec les pauvres ; Louise tombe
assise près de la table. — A part.) Ah !... elle est
heureuse... elle le voit... Mon Dieu, mon Dieu,
est-ce une leçon que vous m'envoyez ?...

PORNIC, à Madeline.

Eh bien ! oui... oui... oui... il me plaît de le
dire, et je le dirai tant que ça me plaira, c'est une
charité mal placée...

MADELINE.

Tu es sûr de ne pas mal placer les tiennes...
tu n'en fais jamais.

PORNIC.

Je n'ai pas envie d'encourager les fainéans et
les... suffit... Je m'entends ! Si on n'en avait pas
pitié, on ne verrait pas tant de filles qui... suffit...
je m'entends.

MADELINE, allant et venant pour remettre tout en
ordre.

Pourquoi dis-tu ça, mauvaise langue ?

PORNIC.

Je dis ça pour les ambitieuses... qui se laissent
dire des douceurs par plus riches qu'elles...

LOUISE, avec terreur.

Ah ! que dit-il ?

MADELINE, riant.

Bon... bon... je sais où tu veux en venir.

PORNIC.

Oui, oui, on rit d'abord... on se laisse cajoler
et on fait la fière avec ses égaux, et puis un beau
jour... il y a une Mathurine de plus dans le pays...
(A Louise.) N'est-ce pas, mamselle ?

LOUISE, à part.

De qui parle-t-il ? mon Dieu...

MADELINE.

N'aie pas peur, Pornic, ça ne m'arrivera pas...
Si celui qui me fait la cour est plus riche que
moi, il est honnête... et s'il ne l'était pas, mon

gars, je le suis pour deux... N'est-ce pas, mamselle ?

LOUISE, à part.

Ah ! mon Dieu ! c'est un supplice horrible...

MADELINE, après un petit temps.

Eh ben ! qu'avez-vous donc, mamselle ?

LOUISE.

Rien, laissez-moi...

MADELINE.

Je m'en doutais, que vous ne seriez pas assez
forte pour tout ça... sans compter cet imbécile
qui se permet de vous contrarier... Va donc chercher de l'eau fraîche, du vinaigre.

PORNIC, courant au puits.

Voilà ! voilà ! (S'arrêtant.) Inutile... (A part.) V'là
mademoiselle Lucile qui arrive, et ces belles demoiselles ont toujours plein leurs poches de petites fioles vinaigrées ; et celle-là doit en avoir
besoin...

SCÈNE III.

LES MÊMES, LUCILE.

LOUISE.

Ah ! Lucile... C'est toi... eh bien ?

LUCILE, bas.

Prends garde... (Haut.) Bonjour, Madeline.

MADELINE.

Bonjour, mamselle... Vous venez pour la fête...
C'est bien gentil à vous...

PORNIC.

Une fête menée par M. le marquis de Mouté-
clain... personne n'est fâché d'y venir...

LUCILE.

Le marquis Montéclain...

PORNIC, à part.

Bon ! elle a rougi... Qu'est-ce qui l'aurait dit
d'une belle demoiselle comme ça ?...

MADELINE, à Louise.

N'oubliez pas, mamselle, que dans un petit
moment les gars du canton vont venir chercher
leur reine...

LOUISE.

C'est bien, je serai prête... et toi-même ?...

MADELINE.

Oh ! ça sera bientôt fait... je vas mettre mon
plus beau tablier et mon bonnet de dentelle.

PORNIC.

Oui... oui... va faire la coquette... va... tu verras où ça mène. (A part.) Et moi aussi, je vais me
faire beau... Je vas mettre des souliers.

(Ils sortent, l'un d'un côté, l'autre de l'autre.)

SCÈNE IV.

LUCILE, LOUISE.

LOUISE.

Eh bien ! Lucile... l'as-tu vu ?...

LUCILE.

Oui... je l'ai vu...

LOUISE.

Et il n'est pas malade?... il ne souffre pas?...

LUCILE,

Non... Louise... non,.. il se porte à ravir... il est rose et frais.

LOUISE.

N'est-ce pas?

LUCILE.

Il est charmant !

LOUISE.

Oui... oui...

LUCILE.

Et je l'ai bien embrassé pour toi.

LOUISE.

Oh! embrasse-moi donc alors! embrasse-moi !

(Elle l'embrasse.)

LUCILE.

Mais qu'as-tu donc aujourd'hui? Pourquoi ce trouble, cette agitation?

LOUISE.

C'est qu'il vient de se passer là quelque chose d'affreux... Une pauvre fille... coupable aussi... Mais elle... elle n'a pas eu peur... elle a avoué sa faute... elle a gardé son enfant !

LUCILE.

Peut-être n'a-t-elle plus son père...

LOUISE.

Qui l'eût tuée, n'est-ce pas ?

LUCILE.

Qui en fût mort, peut-être !

LOUISE.

Et voilà ce qui fait ma faute si affreuse!

LUCILE.

Et voilà ce qui fait que tu dois la racheter en silence... jusqu'au jour où Dieu ramènera près de toi celui qui te doit son nom en échange de ton amour d'abord... et de ta douleur maintenant.

LOUISE.

Hélas ! Lucile... je n'ose plus l'espérer... Si tu savais...

LUCILE.

Je ne veux savoir de ton malheur que ce que j'en puis secourir. S'il était vrai, Louise, que celui que tu as aimé fût assez lâche pour t'abandonner, oh ! c'est alors surtout qu'il faudrait cacher ta faute !...

LOUISE.

Mais mon enfant!...

LUCILE.

Ne me l'as-tu pas donné ?... ne serais-je pas là? Mais qui serait près de ton père? Ne sommes-nous pas sœurs, Louise? Si Dieu t'avait envoyé le bonheur, tu m'en aurais offert la moitié... Laisse-moi donc prendre la moitié de tes peines; je serai pour ton enfant la mère qui lui manquera... et tu resteras pour ton père la fille sans laquelle il ne saurait vivre.

LOUISE.

O Lucile! Lucile! cœur d'ange !..... merci! merci à toi qui as pris ma misère en pitié !...

LUCILE,

T'ai-je jamais remerciée de m'aimer? Et où serait donc l'amitié, si elle n'allait qu'aux heureux ?... Allons, calme-toi... du courage ! je le veux !

LOUISE.

Eh bien !... soit... je me tairai... je boirai mes larmes... je ne verrai pas mon enfant... il appartient... Il sera heureux...

LUCILE.

Tu sais bien que je ne suis pas seule à veiller sur lui.

LOUISE.

Oh! oui, c'est un noble cœur aussi que M. de Montéclain !... Sans vous connaître, vous vous êtes devinés pour une bonne action. C'est que Dieu a donné aux âmes généreuses un langage qui les fait se comprendre, sans qu'il soit besoin d'une parole entre elles... Oh! que je le voudrais heureux, lui qui mérite si bien d'être aimé... Lucile !

LUCILE, tristement.

Mon père le hait toujours...

LOUISE, à part.

Pauvre Lucile... aussi!...

LUCILE, vivement.

Mais laissons cela... et songe que je n'ai devancé ton père que de quelques pas.

LOUISE.

Et le tien, vient-il à la fête?

LUCILE.

Non, mais il a voulu me conduire jusqu'à la ferme... et nous serions ici depuis long-temps... si nous n'avions vainement attendu mon frère...

LOUISE, troublée.

Quoi! Georges... M. Georges ne vient pas?

LUCILE.

Il va venir nous rejoindre ici, sans doute... c'est lui qui doit m'accompagner à la fête.

LOUISE, amèrement.

A la fête!... là où est le plaisir !

LUCILE, doucement.

Non, ma pauvre Louise, on ne peut pas dire cela de Georges... Hélas! lui si gai, si fier, si charmant autrefois, semble succomber sous le poids d'une douleur sans espoir...

LOUISE.

Et tu ne sais pas... tu ne soupçonnes pas?...

LUCILE.

Non, Louise... mais, crois-moi, chaque famille a ses mystères douloureux. Mais sois calme ; voici ton père et le mien.

LOUISE.

Ah ! leur approche ne te fait pas peur... tu es heureuse !

°°

SCÈNE V.

LUCILE, LOUISE, KÉROUAN, LE GÉNÉRAL,
ALY, DOMINIQUE; puis MADELINE, puis
PORNIC, VALETS de ferme.

(Le général entre soutenu sur le bras de Kérouan; au
moment où il va passer la porte, Aly saute rapidement par dessus la barrière avec son fusil de
chasse. — Il repousse deux valets et se pose mili-
tairement.)

ALY.

Gare donc vous autres!... Portez arme!... pré-
sentez arme!...

(Il présente les armes au général.)

KÉROUAN.

Eh! c'est toi, mon gars?

LE GÉNÉRAL, souriant.

La tenue est bonne.

DOMINIQUE.

J'ai connu mieux que ça... (Bas, au général.)
Mon général... vous n'oublierez pas ce que vous
avez promis.

LE GÉNÉRAL.

Tu le veux?... eh bien ! soit.

KÉROUAN, à son fils.

Et qu'est-ce que tu viens nous annoncer?

ALY.

Que les gars du pays vont venir tout à l'heure,
les violons en tête, chercher la reine de la fête.

LE GÉNÉRAL, montrant Louise et Lucile qui causent
sur le devant de la scène.

Quand je te le disais !

KÉROUAN.

Eh bien, quoi?...

LE GÉNÉRAL, à sa fille, qui a couru vers lui.

Qu'est-ce que vous m'avez dit tout à l'heure,
mademoiselle ma fille, lorsque vous m'avez planté
là, au milieu du chemin, avec Kérouan?...

LUCILE.

Mais, mon père...

LE GÉNÉRAL, contrefaisant sa fille.

Mais, mon père, il faut que je coure devant...
pour aider Louise à s'habiller... elle peut avoir
besoin de moi... et tati... et tata...

LUCILE.

C'est vrai... mais...

LE GÉNÉRAL.

Mais quoi?... Vous êtes restées là, à jaser... à...

LOUISE.

Pardon, général, je serai bientôt prête.

LE GÉNÉRAL.

Ce n'est pas pour toi que je dis ça, ma fille,
mais pour mademoiselle qui ne fait rien à temps,
et qui prend des airs affairés comme si elle avait
un royaume à gouverner.

LOUISE.

Ne la grondez pas, général ; c'est moi qui suis
en retard... c'est moi qui ai causé.

KÉROUAN.

Et vous avez bien fait toutes deux. — Va te
faire belle, ma Louise, va...

LOUISE.

Oui, père.

LE GÉNÉRAL, à sa fille, à voix basse.

Et n'oublie pas les pendans d'oreilles.

LUCIE, surprise.

Ah !... votre cadeau ?... C'est vrai... oui... oui...

LE GÉNÉRAL.

De quoi diable avez-vous donc causé ?

KÉROUAN, se mettant entre le général et sa fille, et
poussant doucement celle-ci vers Louise; au général.

Est-ce qu'un jour de fête, les petites filles n'ont
pas toujours quelque chose à se dire !

(Louise et Lucile montent le perron à gauche et
entrent dans la chambre de Louise.)

LE GÉNÉRAL.

Tout ça, c'est très bien ; mais, vois-tu, Kérouan,
je dis que les petites négligences conduisent aux
grandes.

DOMINIQUE.

Si ces demoiselles avaient servi dans la garde
impériale, elles sauraient que l'exactitude était
d'ordonnance...

ALY.

Ça serait fâcheux...

DOMINIQUE.

Fâcheux ?...

ALY.

Pour la couleur de leurs cheveux, mon vieux.
(En se détournant.) Ah ça ! où est donc Madeline?

DOMINIQUE.

Mon vieux ! mon vieux ! l'empereur Napoléon
les aimait, les vieux...

KÉROUAN, au général.

Ah ça ! qu'est-ce qu'il a donc, ce matin, Dominique? jamais je ne l'ai vu si gourmé, si ficelé...
si paré...

LE GÉNÉRAL.

Ah !... voilà la question...

KÉROUAN.

Quoi donc?

LE GÉNÉRAL, l'emmenant vers le fond.

Viens, que je te conte ça... et surtout, je t'en
prie, ne va pas rire trop fort.

KÉROUAN.

C'est donc bien gai?... Tant mieux... j'ai le
cœur tout en joie.

LE GÉNÉRAL.

Imagine-toi...   (Il parle bas à Kérouan.)

ALY, à part, cherchant du regard et remontant la
scène.

Où donc est-elle?

DOMINIQUE, à part.

V'là le général qui entame l'affaire... Allons,
Dominique, beau sous les armes !

(Kérouan et le général redescendent la scène à gauche.)

KÉROUAN, arrivé près de la table, et riant.

Ah ! ah ! (Appelant.) Madeline !... un piché !... (Madeline paraît, descend et sort pour aller chercher le piché. — Aly va vers elle.) Comment, Dominique, lui, il veut se marier !... Oh ! oh !

LE GÉNÉRAL.

Tais-toi donc... mais ce n'est pas tout... figure-toi...

(Ils continuent à voix basse en s'asseyant à la table.)

ALY, qui a entendu le mot de son père.

Hein !... ils ont parlé de mariage !-(Allant à Dominique.) Dites donc, fils aîné de Vénus, avez-vous quelque soupçon de la chose dont il est question là, tout près ?

DOMINIQUE.

Oui, petit, il est question d'un mariage qui m'intéresse.

ALY.

Avec qui, s'il vous plaît, intéressant Dominique ?

DOMINIQUE.

Avec quelqu'un que tu affectionnes particulièrement, petit.

(Madeline reparaît et sert le piché aux deux pères.)

ALY.

Tonnerre ! si je le savais...

DOMINIQUE.

Quand tu le sauras, tu me diras la suite.

ALY.

Il n'y a pas besoin d'attendre au prochain numéro... Je ne veux pas !...

DOMINIQUE.

On s'en passera.

PORNIC, qui s'est approché tout près d'eux, en demi-aparté.

Mon Dieu ! faites qu'ils s'embrochent l'un l'autre, et il faudra bien que Madeline me revienne.

(Pendant qu'il a parlé, Madeline, après avoir servi le piché au général et à son oncle, a traversé la scène pour aller vers Aly. — Elle entend le mot de Pornic, et le repousse.)

MADELINE.

Jamais, méchant gars !...

(Pornic, repoussé, heurte Dominique qui le jette sur Aly.)

DOMINIQUE.

Animal, va !

ALY, le rejetant sur Dominique.

Animal, va !

PORNIC.

Animal, va !... Dites donc, tous les deux, quand on secoue un pommier, il pleut des pommes ; mais quand on secoue un Breton, il pleut des coups de poing !

DOMINIQUE, d'un côté, le prenant par l'oreille.

Tu dis ?...

ALY, lui prenant l'oreille de l'autre côté.

Tu dis ?...

PORNIC, criant.

Aïe ! aïe ! aïe !

LE GÉNÉRAL.

Eh bien ! là-bas !

KÉROUAN.

Eh ! la paix, la paix !... (Au général, en riant.) Ah ! ah ! ah ! mais ce n'est pas possible.

LE GÉNÉRAL.

C'est fort ridicule, je le sais, mais fais au moins ce qu'il te demande.

KÉROUAN.

Il n'y gagnera qu'une rebuffade.

LE GÉNÉRAL.

Ma foi, il l'aura voulu.

(Ils parlent encore à voix basse.)

SCÈNE VI.

LES MÊMES, GEORGES, puis LOUISE et LUCILE.

GEORGES, au fond, entrant.

Je l'ai perdue de vue... mais je ne me trompe pas : cette femme voilée... ce doit être Léona...

KÉROUAN, se levant de la table.

Soit ! je vais chercher Louise.

(Il s'éloigne un peu.)

LE GÉNÉRAL.

Et amène Lucile... il me faut quelqu'un pour me donner le bras, puisque M. mon fils.

(Tous s'approchent.)

GEORGES, les prévenant.

Me voilà, mon père...

LOUISE, paraissant au haut du perron, à part.

C'est lui !   (Elle descend.)

LE GÉNÉRAL.

Ah ! c'est vous enfin, monsieur ?... On dirait que vous prenez à tâche de me rappeler des torts que je voudrais oublier.

(Il se lève et prend le bras de Georges.)

KÉROUAN, bas , au général.

Allons, allons, un peu d'indulgence.

LUCILE, entrant sur le perron vivement.

Eh bien ! Louise... voilà que tu oublies encore ton mantelet.

KÉROUAN, voyant Louise qui a gagné le milieu de la scène.

Ah ! c'est toi, petiote... Viens donc, viens.

(Il la prend par la main et la regarde.)

DOMINIQUE, à part.

Vénus en personne !...

KÉROUAN.

Oui, tu es belle.... (A mi-voix.) Oh ! le pauvre diable !

LOUISE.

Pourquoi me regardez-vous comme ça en riant, mon père ?

KÉROUAN.

Ah ! c'est que j'ai une grande nouvelle à t'annoncer.

LOUISE.

A moi?

KÉROUAN.

Oui, à toi.

LUCILE, à part.

Ah! mon Dieu! j'ai oublié de lui en parler.

LOUISE, à qui Lucile a fait un signe.

De quoi s'agit-il donc?

KÉROUAN.

D'un mariage.

TOUS.

D'un mariage!

DOMINIQUE, à part.

Gare la bombe!

LOUISE, à part.

O Dieu du ciel, si c'était lui!

GEORGES, à part.

Oh! la malheureuse... que va-t-elle dire?

LE GÉNÉRAL, à Georges qui s'agite.

Tenez-vous donc tranquille, Georges.

KÉROUAN.

C'est un futur qui m'est recommandé par un vieux ami qui te servirait de père, si jamais je venais à te manquer.

LOUISE.

Vous, général, n'est-ce pas?

LE GÉNÉRAL.

Oui, ma fille, oui... et je voudrais avoir à t'offrir un mari plus digne de toi...

DOMINIQUE, à part.

Je ne vois pas ce qui lui manque.

GEORGES, à part.

Où veut-il en venir! je frémis...

LOUISE, à part.

Georges se détourne et se tait... (Haut et vivement au général.) Mais de qui voulez-vous donc parler?

LE GÉNÉRAL.

Eh bien!... de... de...

DOMINIQUE.

Que diable! général... il y a quarante ans que vous connaissez mon nom... je m'appelle Dominique Coussu.

LOUISE, baissant la tête et humiliée.

Dominique... lui!... Ah! général...

DOMINIQUE.

Hein?...

KÉROUAN.

Quand je vous le disais!... vous lui avez fait peur... (A Dominique.) Et te voilà ben avancé, toi... avec ta figure ébaubie...

(Il prend sa fille dans ses bras et la calme.)

DOMINIQUE.

Ah ça! est-ce qu'elle refuse?

MADELINE.

Est-ce que vous ne voyez pas que le père Kérouan a voulu rire?

DOMINIQUE.

A voulu rire!...

ALY.

Allons, vieux vainqueur, puisque nous ne tirons pas à la même cible, je vous souhaite une autre fois une victoire d'Austerlitz.

DOMINIQUE.

Bon... bon!...

LE GÉNÉRAL.

Tu l'as voulu... tant pis pour toi!

DOMINIQUE.

Bon... très bon...

PORNIC.

Vous ne feriez qu'un mari relapé, mon ancien.

DOMINIQUE.

Vlan!...   (Il lui donne un soufflet.)

PORNIC.

Sapristi!... sapristi!... sapristi!...

DOMINIQUE.

J'avais besoin de déposer mon humeur sur quelqu'un...

LE GÉNÉRAL.

Seulement, une autre fois, tape moins fort...

(En ce moment, on entend le son lointain des musettes.)

KÉROUAN.

J'entends les musettes qui approchent... n'ayons pas l'air fâchés... Et toi, Louise, voyons, remets-toi... oublie cette plaisanterie... Voilà les gars!...

(Il range tout le monde sur une ligne.)

LE GÉNÉRAL.

Georges!   (Georges va près de son père.)

LOUISE, à Lucile.

Mais une autre proposition peut venir, qui ne sera pas une plaisanterie... Que dirai-je alors?...

LE GÉNÉRAL.

Lucile...   (Elle va se ranger près du général.)

LOUISE, à part.

Oh! il faut que Georges s'explique... il le faut... c'est assez souffrir!...

(Le son des musettes se rapproche. — Entrent des valets de ferme, qui apportent un siège orné de feuillages et qui mettent tout en ordre. — Pornic est allé au devant du cortége.)

KÉROUAN.

Allons, nous autres, à nos places! (Allant à sa fille à qui il montre le siége orné de feuillage.) Toi, la reine ici... Général, près d'elle.

LE GÉNÉRAL.

Volontiers... quoique je ne sois pas un cavalier bien ingambe.

KÉROUAN.

Vous, là, mamselle Lucile... et vous, ici, monsieur Georges... Vous autres, là-bas. (Il leur indique le côté droit de la scène.) Et toi, Aly, ferme l'échalier... (Aly ferme la barrière du fond.) Ah! sapristi, Simon, est-ce que ça ne te rappelle pas notre bon vieux temps?

LE GÉNÉRAL.

Ma foi si !... Il y a long-temps que je n'ai entendu cet air-là... et ça me ranime le cœur... Te souviens-tu que nous l'avons chanté ensemble à la porte de ta pauvre Marianne?

KÉROUAN.

Pauvre sainte femme, comme elle serait heureuse, si elle voyait ses deux enfans comme ça....

ALY, redescendant la scène, avec Madeline, Dominique, etc.

Les voilà ! les voilà !...

SCÈNE VII.

LES MÊMES, PAYSANS, PAYSANNES, à la tête desquels est PORNIC, puis MONTÉCLAIN.

(Pornic jouant de la musette, un bouquet de pimprenelle à sa boutonnière, conduit le cortége, qui s'arrête au delà de l'échalier.)

AIR nouveau de M. Artus.

PORNIC, chantant.

Ouvrez vite la porte,
Lon, lau, là !
Nouvelle on vous apporte,
Lon lan là !

(Le chœur répète le refrain.)

MADELINE.

Voyons, va donc répondre, François.

ALY.

Laisse donc?... Est-ce que tu crois que j'ai oublié nos vieilles chansons?   (Chantant.)

Qu'est-ce donc qu'on nous apporte ?
Lon lan là !
Pour qu'on ouvre la porte ?
Lon lan là !

PORNIC, montrant son bouquet.

Un bouquet de pimprenelle,
Lon lan là !
Il est pour la plus belle,
Lon lan là !

LE GÉNÉRAL, à Kérouan qui s'avance.

Ouvre donc, sentinelle,
Lon lan là !
Car voici la plus belle,
(Il indique Louise.)
Lon lan là !

(Aly ouvre l'échalier; le cortége entre; et Pornic remet le bouquet à Madeline.)

MADELINE, à Louise.

Dites-nous, châtelaine,
Lon lan là !
Quel est le roi de la reine,
Lon lan là !

(Elle lui donne le bouquet.)

LOUISE, à part, parlé.

Oh! c'est un sûr moyen d'être à lui !...

MONTÉCLAIN, qui s'est glissé jusque auprès d'elle, à voix basse; parlé.

Imprudente... qu'allez-vous faire?...

(Chantant.)

Celui que ton cœur préfère,
Lon, lan, là !
C'est l'ami de ton père,
Lon, lan, là !

(Louise lui remet le bouquet.)

TOUS.

Le marquis !...

KÉROUAN.

Ah! merci... merci, monsieur le marquis... merci ! Ah! vous êtes le digne fils de votre brave père... (Montrant le général.) Ah ! il ne les a pas oubliées non plus, lui, les vieilles coutumes !...

LOUISE, bas, à Montéclain.

Ah! vous êtes noble et bon !

MONTÉCLAIN, bas.

Soyez prudente, Louise ! il le faut plus que jamais.

(On apporte à Montéclain la couronne et le voile, qu'il place sur la tête de Louise. — Pendant cette petite cérémonie, le dialogue suivant a lieu à l'avant-scène.)

LE GÉNÉRAL, avec colère.

Adieu, Kérouan, adieu !...

KÉROUAN.

Comment, général !... comment, Simon... mon ami... tu t'en vas?...

LE GÉNÉRAL.

Je cède la place à M. de Montéclain. J'emmène ma fille.

KÉROUAN.

Pauvre Lucile ! Ah! ce n'est pas bien ce que tu fais là.... elle devait aller avec ma fille... et tu m'humilies, toi, en la remmenant... tu as l'air de nous mépriser..

LE GÉNÉRAL.

T'humilier, toi !... Kérouan ?... non, non... si c'est comme ça, qu'elle reste... mais moi, je rentre...

KÉROUAN.

Eh bien ! à la bonne heure... Et comme je ne veux pas que tu restes seul, je t'accompagnerai, moi... et nous causerons d'autrefois...

LE GÉNÉRAL.

C'est dit...

TOUS, au fond.

Vive la reine !...

KÉROUAN.

Allons, les enfans, en route, en route !...

(La musique reprend. — Montéclain donne le bras à Louise.)

LE GÉNÉRAL.

Aly, donne le bras à ma fille.

ALY.

Avec honneur et fierté, général...

PORNIC, à part, avec humeur.

Je vois là-bas le signal... il faut que je reste.

KÉROUAN, à tous.

Je vous rejoindrai tout à l'heure... Allez! allez!

(Sortie générale. — Georges va suivre la sortie; le général l'arrête.—Au même instant, Pornic se glisse sous le hangar, à droite.)

LE GÉNÉRAL.

Georges?

KÉROUAN, au général.

Viens-tu?

LE GÉNÉRAL.

Georges, souvenez-vous qu'à Paris M. de Mon-téclain a osé inviter votre sœur dans un bal, mal-gré notre inimitié connue, et que cela a été re-marqué... Je vous confie l'honneur de votre sœur, mon fils; gardez-le mieux que vous n'avez gardé le vôtre...

GEORGES.

Oui, mon père.

KÉROUAN.

Allons, viens-tu?... Je vais te montrer le vrai chemin... et cette fois tu n'auras pas besoin de renfort.   (Ils sortent; le cortége est déjà loin.)

GEORGES, seul.

Oh! quelle existence, mon Dieu!... ne vau-drait-il pas mieux mourir que de vivre ainsi!... -Mais Louise... Louise!... Allons les rejoindre.

(Il va pour sortir; Léona apparaît tout à coup devant lui.)

∞∞∞∞∞∞∞∞∞∞∞∞∞∞∞∞∞∞∞∞∞∞∞∞∞∞∞∞∞∞∞

SCÈNE VIII.

GEORGES, LÉONA.

LÉONA.

Pas si vite, Georges... j'ai un mot à vous dire.

GEORGES.

Vous!... c'est vous!... Ah! je ne m'étais donc pas trompé!

LÉONA.

Non, Georges... c'est moi qui ai acheté la terre qui est près de Montéclain, afin d'être plus près de vous; c'est moi que vous avez rencontrée tout à l'heure, et qui me suis cachée pour ne pas vous voir retourner dans votre maison... où vous vous tenez enfermé depuis deux mois.

GEORGES.

Vous m'avez écrit pour me menacer... Vous m'avez donné des rendez-vous, et...

LÉONA, s'asseyant.

Et vous n'y êtes pas venu. Ah! les temps sont bien changés! Autrefois, c'était moi qui les ac-cordais... mais alors je n'étais pas votre femme.

GEORGES.

Ma femme!... ●

LÉONA.

Je sais que vous ne me le pardonnez pas... et c'est là, de ma part, un tort irréparable.

GEORGES.

Mais enfin, que me voulez-vous?... de l'argent encore? je n'en ai plus; je vous ai donné toute la fortune de ma mère, pour vous empêcher de déshonorer, en le portant, le nom que j'ai reçu de mon père.

LÉONA.

Eh! bien, Georges, c'est précisément ce nom,

qui m'appartient aussi, que je viens vous deman-der...

GEORGES.

Vous!... vous!... jamais! non jamais!... (A part.) Et Louise!... malheureuse Louise!...

LÉONA.

J'y mets de la patience et de la bonté... Je m'adresse à vous, lorsque je pourrais le prendre, ce nom.

GEORGES.

Vous ne l'oseriez pas!... car vous savez, en pareil cas, madame, quelle est ma résolution... vous savez où je puis vous conduire...

LÉONA, se levant.

A votre tour, vous ne l'oseriez pas!

GEORGES.

En vérité? Croyez-vous que, lorsque l'indigne courtisane qui s'appelle la comtesse de Beauval aura déshonoré mon nom en le prenant, j'hésite-rai à y ajouter une honte de plus, en déclarant à la justice que cette femme... qui est la mienne, a été chassée de chez le duc d'Héricy pour un crime infâme?...

LÉONA.

Eh! mon Dieu! Georges, ne m'accablez pas si insolemment de mon passé!... Si mon crime a été de vous le cacher, le vôtre a été de me croire.

GEORGES.

Ah! c'est trop d'impudence...

LÉONA.

Non, monsieur, non... J'ai été bien coupable, n'est-ce pas? Mais vous, lorsque votre père vous écrivait lettres sur lettres pour s'opposer à notre mariage, avez-vous été, vis-à-vis de lui, un fils soumis et respectueux?

GEORGES.

Madame!...

LÉONA, toujours avec ironie.

Oui, oui, vous l'avez été en ce sens que vous répondiez à ses conseils et à ses ordres... par la soumission respectueuse d'un huissier.

GEORGES.

C'est que je vous croyais encore, misérable!

LÉONA.

Que n'avez-vous cru votre père?

GEORGES.

Et c'est vous qui me le reprochez!...

LÉONA, d'un ton caressant.

Non... mais je vous rappelle qu'il est des heures où la passion égare les esprits les plus droits, les cœurs les plus honnêtes. Vous m'aimiez, alors... et vous avez été coupable... Qui vous a dit, mon-sieur, d'où est venu mon premier crime?

GEORGES.

D'où est venu votre premier crime!... Mais! ne comprenez-vous donc pas qu'il peut venir une heure où je serai fatigué de tant de honte? où je la rejetterai loin de moi?...

LÉONA.

Par un crime aussi ?... en me tuant ?... Non, Georges... je suis plus juste pour vous que vous ne l'êtes vous-même. La main vous tremblerait à armer un pistolet ou à lever un poignard contre une femme. (Mouvement de Georges.) Ecoutez-moi bien, Georges : tout s'oublie, dans ce monde ; votre père, qui vous a tenu si long-temps éloigné de lui, vous a rappelé, depuis trois mois, dans sa maison... Je veux ma part de ce pardon...

GEORGES.

Il me chasserait demain si j'osais le lui demander.

LÉONA.

Georges, depuis deux mois que vous vivez enfermé dans votre maison, vous ne voyez rien, vous ne savez rien... mais moi, je veille, j'écoute.. j'apprends.

GEORGES.

Et qu'avez-vous appris, madame ?...

LÉONA.

Que M. le comte d'Estève, qui tonne si fièrement contre le déshonneur des autres, devrait porter un regard plus sévère sur sa famille ; qu'il devrait se demander pourquoi M. de Montéclain, le héros des salons de Paris, vient s'enfermer dans la solitude de Machecoul, et pourquoi sa fille Lucile...

GEORGES.

Tais-toi, misérable !... tais-toi !... Car, plus imprudente que tu ne crois, tu viens de toucher au seul ressort qui puisse allumer en moi cette colère dont tu me crois incapable...—Raille-moi, insulte-moi si tu veux... mais que le nom de mon père ou celui de ma sœur ne sorte jamais de ta bouche avec un blâme ou une calomnie !... car, tu l'as dit, ce n'est pas à la loi que je te livrerais... c'est moi qui me chargerais de ton châtiment et du mien !... (Il sort précipitamment.)

ɔɔ

SCÈNE IX.

LÉONA, seule, puis PORNIC.

LÉONA, suivant d'abord Georges des yeux.

Pauvre Georges !... je sais la valeur de tes menaces. — Mais, si je n'ai rien à craindre de lui, j'ai tout à redouter de Montéclain... Il a écrit à son oncle, le duc d'Héricy... Je le sais... c'est donc lui qu'il faut frapper d'abord... Il sera bien forcé de rendre l'honneur à celle qu'il a séduite, et il ne voudra pas, lui, qu'on traîne devant les tribunaux le nom de la femme de son frère... (Remontant la scène, à mi-voix.) Pornic !... Pornic !...

PORNIC, sortant de dessous le hangar.

V'là, ma'me la comtesse.

LÉONA.

Où est la demeure de cette Marguerite qui garde et nourrit l'enfant que Mlle d'Estève a caché chez elle ?

PORNIC.

Pas bien loin d'ici... à c'te vieille métairie aux trois quarts détruite, qu'on appelle maintenant la Closerie des Genêts, au bord du lac, dans un fond où vous passeriez cent fois sans apercevoir la cabane, tant elle est perdue dans les taillis et les genêts...

LÉONA.

Tu vas m'y conduire.

PORNIC.

Comment, vous voulez y aller ?

LÉONA.

Oui, je veux être sûre que c'est bien Mlle d'Estève qui a porté là cet enfant.

PORNIC.

Puisque je vous dis que c'est Marguerite qui me l'a conté, et qu'en conduisant le bétail dans les ajoncs, j'y ai vu entrer dix fois mamselle Lucile.

LÉONA.

Et le marquis de Montéclain aussi ?

PORNIC.

Le marquis aussi.

LÉONA.

Ah ! viens, viens !... et si tu dis vrai, je te paierai cher cette découverte !... Ah ! Georges, Georges, tu m'as menacée, tu m'as insultée... Eh bien ! je me vengerai, et nous verrons alors si tu oseras me repousser avec cette insolence !...

(Elle sort précipitamment par la gauche au fond, avec Pornic.)

FIN DU PREMIER ACTE.

ACTE DEUXIÈME.

PREMIER TABLEAU.

Le théâtre représente une clairière dans un bois épais. — Au milieu du théâtre est un arbre immense qu'entoure un banc de bois. — Aux premiers plans, des deux côtés, des chaises.

SCÈNE I.

LUCILE, LOUISE, GEORGES, MONTÉCLAIN, LÉONA, Mᵐᵉ ET Mˡˡᵉ DE BRIAS, BRIAS, DAMES, JEUNES GENS, ALY, DOMINIQUE, MADELINE, PERRINE, PORNIC, FRANÇOIS, PAYSANS, PAYSANNES, MARCHANDS-FORAINS, etc.

(Au lever du rideau, on danse. — Aly, Dominique, Madeline, Perrine et Pornic sont parmi les danseurs: la bourrée bretonne se mêle à la contredanse parisienne. — A droite, un groupe de jeunes gens, parmi lesquels est Brias, entoure Léona. — A gauche, sont Louise, Lucile, Mᵐᵉ et Mˡˡᵉ de Brias et quelques dames, assises; et debout près d'elles, Montéclain et Georges. — Pendant qu'on danse, Montéclain se penche plusieurs fois vers Lucile et cause avec elle: Léona les observe et fait sur eux quelques remarques qu'accueillent en riant Brias et les jeunes gens.)

PORNIC, dansant.

Que dites-vous de cette bourrée, mes gars?

DOMINIQUE, dansant.

Mets donc les pointes en dehors, freluquet!... Tiens, regarde-moi ce *si sol*... ces ailes de pigeon... et ces entrechats.

ALY.

Prenez garde au plafond, vertueux Dominique.

DOMINIQUE.

Voyons donc, blanc-bec!... fais un peu ton Vestris.

ALY, dansant.

Vestris?... Il est embaumé au Jardin-des-Plantes, mon vieux... Tiens, regarde un peu ce coup-de-pied.

DOMINIQUE.

Qu'est-ce que c'est que ça?

ALY.

Danse algérienne de la rue de Bréda!...

(En ce moment, la danse cesse; Aline présente le bras à Madeline.)

MADELINE.

Est-il gentil!

ALY.

Votre bras, cousine.

(Les danseurs s'éloignent, s'asseoint ou se promènent. Des marchands-forains, des colporteurs, les uns portant de grands bâtons au haut desquels flottent des rubans de toutes couleurs, des chapelets, des colliers, des agnus-dei, d'autres, des balles chargées d'étoffes et de divers ajustemens, entrent dans la clairière, montent sur le banc qui entoure l'épais châtaignier qui est au milieu du théâtre, et offrent leurs marchandises, etc.)

MONTÉCLAIN, dans le groupe à gauche, derrière Lucile.

Je n'oserais vous proposer de partager les jeux de ces braves gens...

LUCILE.

Mais vous voyez que tout le monde nous abandonne... et M. de Brias lui-même a quitté sa mère et sa sœur pour aller près de cette belle dame inconnue...   (Elle montre Léona.)

MONTÉCLAIN.

C'est que Brias est comme les enfans, qui dédaignent un pur diamant pour ramasser un coquillage d'un faux éclat.

(Ils échangent encore quelques paroles.)

LÉONA, de l'autre côté du théâtre, dans le groupe droite.

Eh bien! Brias, que pensez-vous de ce que je vous disais à Lamballe? Voyez l'ange aux blanches ailes, palpitant sous le regard satanique de Montéclain!...

BRIAS.

C'est vrai... l'entretien me paraît assez intime... Et Georges, d'ailleurs, leur laisse une complète liberté.   (Il désigne Lucile et Montéclain.)

LÉONA.

Oh! je crois que pour dire tout ce qu'il veut Montéclain n'a plus besoin des distractions de M. Georges.

TOUS LES JEUNES GENS, à mi-voix.

Comment!...

CRIS, au lointain.

Au jeu du mail! au jeu du mail!

PORNIC, avec d'autres paysans, accourant.

Olé! les gars, voulez-vous en essayer encore cette année?

FRANÇOIS, à Aly.

Il n'y a pas moyen... quand même il nous donnerait dix pas d'avantage.

ALY.

Eh bien! moi, je lui donne cinq coups de maillet d'avantage.

DOMINIQUE.

Prends garde, c'est le meilleur batteur du pays.

ALY.

N'ayez pas peur, l'ancien... je me suis dégourdi les avant-bras sur les boules des Arabes.

MADELINE.

D'ailleurs, je veux qu'il ait le prix, moi!

PORNIC, à part.

Oui-da!... j'y crèverai, ou il ne l'aura pas.

ALY.

Tu l'auras, ma petite Madeline... (A Dominique.) Je vous la confie, l'ancien... et pas de Mars et Vénus, hein !...

DOMINIQUE.

La fiancée d'un ami !... j'aimerais mieux voir finir le monde.

PORNIC.

On vous attend, monsieur d'Alger.

ALY.

Voilà !

PORNIC.

François, va chercher les maillets.

(Tous s'éloignent vers le fond. — François sort par la droite avec quelques paysans.)

MONTÉCLAIN, à Mme de Brias et à sa fille.

Ces dames veulent-elles prendre les places qui leur sont réservées ?

Mme DE BRIAS.

Volontiers... (Elle se lève et prend le bras de sa fille.) Venez-vous, Lucile ?

LUCILE, se levant.

A l'instant... Eh bien ! Georges, tu m'oublies ? (A cette interpellation de sa sœur, Georges, absorbé dans ses pensées, tressaille et fait un pas vers Lucile.)

GEORGES.

Je suis à toi...

LOUISE, bas et vivement à Georges.

Georges, restez !

GEORGES, bas, à Louise.

Prenez garde !...

LOUISE, même jeu.

Georges !... Georges !...

MONTÉCLAIN, à part.

L'imprudente !... (A Georges, tandis que Lucile échange un mot avec Mme de Brias.) Georges, donnez le bras à Louise... je vous en prie...

GEORGES, étonné et balbutiant.

Quoi !... monsieur...

MONTÉCLAIN, bas, désignant Louise du regard.

Mais regardez-la donc !... (A Lucile.) Prenez le mien, mademoiselle... C'est celui d'un homme qui donnerait sa vie pour vous prouver le profond respect que vous lui inspirez.

(Ils passent à l'avant-scène en parlant ainsi, et s'éloignent.)

LÉONA, passant lentement devant la scène avec Brias et le groupe qui l'entourait.

Eh bien ! Brias... trouvez-vous le tour bien joué ?... (Riant.) Il s'est débarrassé de l'auguste paysanne sur le frère complaisant, et il trouvera moyen de les perdre dans la foule... Suivons-les..

BRIAS.

Volontiers... mais revenons à cette histoire de la Closerie des Genêts...

LÉONA.

Histoire véritable et authentique.

FRANÇOIS et PAYSANS.

V'là les maillets !

CRIS.

En place ! en place !

(Tous sortent. — Lorsque tout le monde a disparu par la gauche au fond, Louise rentre vivement en scène avec Georges à la droite.)

∞∞∞∞∞∞∞∞∞∞∞∞∞∞∞∞∞∞∞∞∞∞∞∞∞∞∞∞

SCÈNE II.

LOUISE, GEORGES.

LOUISE, d'une voix irritée, mais contenue.

Georges, je n'ai plus de force... mon courage est à bout... il faut mettre un terme à cette horrible position...

GEORGES.

De la patience, Louise !

LOUISE.

De la patience !... encore !... toujours !... Mais vous ne savez donc pas ce que je souffre !...

GEORGES.

Plus bas ! plus bas !... on peut vous entendre...

LOUISE.

Si, depuis deux mois, vous aviez cherché à me voir, je ne serais pas obligée de vous parler ici, au milieu de cette fête... mais non !... vous m'avez laissée deux mois, mourante, désespérée...

GEORGES.

Ah !... si vous saviez, Louise... quels dangers nous entourent !...

LOUISE.

Je sais que je suis perdue... Je sais que, sans votre sœur, je serais morte... Je sais que...

GEORGES.

O Louise, Louise... Calmez-vous ! Un regard, un mot peut nous perdre.

LOUISE.

Oui, vous avez raison... Je suis calme... je parle bas... je me contiens. Mais vous comprenez bien que je ne puis pas vivre ainsi, que c'est... Oh ! j'ai le cœur qui m'étouffe... et il faut me taire !...

GEORGES.

Louise, je suis plus malheureux que vous !... Mais, croyez-moi... nous serons perdus tous deux à l'heure où vous ne pourrez plus contenir votre douleur.

LOUISE, remontant la scène.

Eh bien ! que ce soit maintenant ou plus tard, je veux...

GEORGES, l'arrêtant.

Louise, est-ce là ce que tu m'avais promis !

LOUISE.

Ce que je t'ai promis !

GEORGES.

Oui, tu m'avais promis d'attendre avec résignation...

LOUISE.

Attendre !... toujours ce mot : attendre !...
Ecoute, Georges... si tu me méprises, parce que
je t'ai aimé pour t'avoir vu renié et maltraité par
ton père ; si tu veux m'abandonner, parce que j'ai
pleuré avec toi, lorsque tu criais avec des larmes:
« Je souffre ! je souffre ! et personne n'a pitié de
moi... » si tu veux me traiter comme une fille
perdue, parce qu'à l'heure où tu voulais mourir
je t'ai donné ma vie pour te faire aimer la tienne;
si, enfin, je ne suis à tes yeux que la misérable
qu'on écrase après l'avoir déshonorée... dis-le-
moi !... J'aurai du courage pour mourir... mais
je n'en ai pas contre ce silence que tu m'impo-
ses et qui me tue !

GEORGES.

Louise, je t'aime; je t'aime comme on aime
Dieu... mais il y a dans ma destinée une fata-
lité épouvantable, un secret terrible...

LOUISE.

Est-ce un crime ?... Si c'est un crime, ton
père te l'a à moitié pardonné, puisqu'il t'a rappelé près de lui... Eh bien! moi, je te le pardonnerai tout à fait... Mais parle !... oh ! parle!

GEORGES.

Ah! tu ne sais pas quel malheur tu cherches!

LOUISE.

Est-ce la colère de ton père qui t'épouvante?
Et me mépriserait-il à ce point qu'il t'empêchât
de me rendre l'honneur ?

GEORGES.

Ah! ce n'est pas mon père qui m'arrête!

LOUISE.

Est-ce le mien !... il me tuera... Eh bien ! la
mort plutôt que cette torture incessante que je
souffre depuis le jour où ta sœur, chaste et noble
cœur, m'a poursuivie et atteinte dans ma fuite,
m'a relevée du lit funèbre où je m'étais couchée
pour mourir avec mon enfant, et m'a ramenée
dans la maison de mon père, en me couvrant,
moi coupable, de sa robe d'innocence.

GEORGES.

Oh! oui... tu souffres, pauvre enfant ! mais tu
me plaindrais, va, si tu pouvais mesurer ma part
de douleurs.

LOUISE.

Tu es coupable, n'est-ce pas?... Tu as compro-
mis l'honneur de ton nom ?... Ton père t'a maudit ?... Et, je le comprends en effet... c'est un
malheur affreux !... mais enfin, Georges, ton âme
s'est ouverte à ton père, et tu as bu la honte de
ta faute ; ce qu'il t'accorde de pitié est bien à
toi... tu ne le trompes plus... Mais moi, ma honte
m'étouffe !... Tiens, vois-tu, Georges, vivre dans
ce perpétuel mensonge, sourire à mon frère, si
simplement honnête et bon !... Embrasser mon
père, ce vieux et loyal soldat de la religion, de
l'honneur... voir ses inquiétudes quand je souf-

fre... entendre ses prières quand je pleure, c'est
un supplice au dessus de mes forces !... je ne
puis pas, mon Dieu !... Je lui vole ses caresses, je
lui vole son affection dont je suis indigne... je lui
vole jusqu'au pain de sa table où il m'a donné la
place de ma mère !... de ma mère, chaste et sainte
épouse, que j'outrage ainsi dans sa tombe... Ah !
c'est trop !... Tiens, il faut en finir... il faut dire
la vérité !

GEORGES.

C'est nous condamner à la mort...

LOUISE.

Tu as donc bien peur de mourir ?...

GEORGES.

Moi ?... non, Louise... mais j'ai peur de te faire
mourir avec un supplice de plus.

LOUISE.

Mais qu'as-tu donc fait, malheureux ? Qu'as-tu
fait, que tu n'aies même pas voulu que je dise
le nom du frère qui m'a perdue à la sœur qui
m'a sauvée ?... Mais tu ne sais donc pas que sa
pitié s'étonne de ce qu'elle est seule à me plaindre et à me consoler ?... Et ne penses-tu pas
que, quelquefois, elle doit se demander jusqu'où
a pu descendre l'infamie de ma faute, puisque je
n'ose pas en nommer l'auteur?

GEORGES.

Ah ! ma sœur est un ange dont l'inépuisable
bonté ne te manquera jamais.

LOUISE, avec un sourd désespoir.

Mais ceci ne doit donc pas avoir un terme ?... Mais
un jour ne viendra donc pas où ton crime, quel
qu'il soit, sera expié, et où tu pourras me donner ton nom, réhabilité... ou flétri ?... Quoi ! pas
même cet espoir dans l'avenir !... Ah! Georges, c'est
plus que je n'en puis accepter... Garde ton secret... je dirai le mien !

GEORGES.

Ah ! malheureuse, par pitié !

LOUISE.

Adieu, Georges !... et maudit soit ton amour !

(Elle s'est élancée vers le fond ; Georges a voulu en
   vain la retenir ; tout à coup, Montéclain paraît et
   s'oppose à sa sortie.)

ooooooo oooooooooooooooooooooooooooooooooooooooooo

SCÈNE III.

LOUISE, GEORGES, MONTÉCLAIN.

MONTÉCLAIN.

Arrêtez, malheureuse Louise !

LOUISE.

Non !... laissez-moi !

MONTÉCLAIN.

Attendez !

LOUISE.

Pas un jour, pas une heure !... Qui sait si demain je ne retomberai pas dans l'apathie de mon

désespoir?... qui sait si, demain, je ne serai pas morte... ou idiote ?

GEORGES.

Ah ! sauvez-la, calmez-la, vous, monsieur, qui savez son secret.

LOUISE.

Oh ! oui, il le sait... et il a eu pitié de moi... Mais il ne sait pas qu'il me faut rester perdue...

MONTÉCLAIN.

Je sais, Louise, que Georges a dù se taire... et que vous devez vous taire encore, tous les deux.

GEORGES, bas, à Montéclain.

Eh quoi ! Monsieur, connaissez-vous donc le secret fatal de ma vie ?

MONTÉCLAIN.

Oui, Georges.,. Et je vous dis à tous deux : Espérez !

GEORGES, bas, à Montéclain.

Espérez, dites-vous ?... Ah ! vous ne savez pas tout alors !

MONTÉCLAIN.

Plus que vous peut-être... (A Louise et à Georges.) Mais veillez sur vous-même... veillez surtout sur votre enfant...

LOUISE.

Mon enfant ! mon enfant !... Est-ce qu'il est condamné à mourir aussi ?...

MONTÉCLAIN.

Allez à la Closerie des Genêts... Emportez-le... cachez-le... Et si vous n'avez pas d'asile assez sûr, n'oubliez pas que ma maison est pour vous celle d'un frère.

GEORGES, lui pressant la main.

Oh ! merci, monsieur !

LOUISE.

Oh ! mon Dieu, quoi qu'il arrive, soyez béni !... J'aurai pu embrasser mon enfant !

(Elle sort, en courant, par la gauche.)

SCÈNE IV.

MONTÉCLAIN, GEORGES.

MONTÉCLAIN.

Suivez-la, Georges.. Sauvez-la de sa joie, comme je viens de la sauver de son désespoir.

GEORGES

Mais dites-moi donc quel danger...

MONTÉCLAIN.

Madame de Beauval !...

GEORGES.

L'infâme !...

(En ce moment, on entend au loin les cris : Bravo ! bravo ! Aly !)

MONTÉCLAIN.

Vous entendez !... on va revenir de ce côté... Allez, Georges, allez !... Pensez d'abord à Lou... ...

GEORGES.

Oui, à elle d'abord et à mon enfant... et puis à celle qui m'a perdu.

(Il sort par le même sentier par où Louise est sortie.)

SCÈNE V.

MONTÉCLAIN, seul, puis ALY.

MONTÉCLAIN.

Oh ! les malheureux !... échapperont-ils du moins à l'outrage que leur a préparé cette indigne Léona ?... J'ai vu Mme de Beauval causer avec Brias; ils ont parlé de l'enfant caché, ils ont parlé de la Closerie des Genêts. Il faut en finir avec cette infernale Léona qui a porté la honte et le malheur partout où elle a passé... Mon oncle d'Héricy ne m'a pas répondu... j'irai moi-même. Il doit y avoir dans l'existence mystérieuse de cette femme un secret de plus que le crime pour lequel il l'a chassée... Mais d'abord il faudrait quelqu'un pour envoyer à Nantes.

ALY, entrant rapidement.

Colonel !... colonel !

MONTÉCLAIN.

Eh bien ! quoi ?...

ALY.

Colonel, vous ne savez pas ce qui se passe ?... Un affreux malheur... On parle d'une jeune fille séduite.

MONTÉCLAIN, à part.

Oh ! je l'avais oublié, lui !

ALY.

On parle d'une noble demoiselle...

MONTÉCLAIN, à part.

Ah ! il ne sait encore rien, et je puis l'éloigner...

ALY.

On parle d'un enfant caché.

MONTÉCLAIN, vivement.

Sottises inventées par quelque misérable dont il faut faire justice...

ALY.

Mais, colonel, on cite des circonstances positives, terribles... Et savez-vous qui l'on accuse ?

MONTÉCLAIN.

Mensonges ! calomnies qui exigent une réponse prompte et foudroyante... Ecoute, Aly... tu vas partir à l'instant... tu iras à Nantes chez M. d'Avatianne... Tu le connais?

ALY.

Oui.

MONTÉCLAIN.

Tu lui diras de venir à Montéclain... ou plutôt tu l'amèneras toi-même...

ALY.

Mais s'il me demande...

MONTÉCLAIN.

Tu lui diras qu'il s'agit de l'affaire pour laquelle je lui ai déjà écrit... tu lui diras qu'il y va du salut de... de mon salut, veux-je dire.

ALY.

Et tout s'arrangera?...

MONTÉCLAIN.

Je l'espère... du moins, ferai-je tout pour cela.

ALY, sortant.

Et il fera bien... car, sans cela, le général le tuerait sans rémission...   (Il sort.)

MONTÉCLAIN, à Aly, dans la coulisse.

Dis au château qu'on me tienne des chevaux prêts... Va!

ALY, au loin.

Oui, colonel.

SCÈNE VI.

MONTÉCLAIN, puis LUCILE.

MONTÉCLAIN, seul.

Ah! je rougissais de ma lutte avec une femme, j'hésitais à l'accabler... Mais parce qu'il est faible et parce qu'il rampe, faut-il donc ne pas écraser la tête du serpent?...

(Il va sortir. — Lucile entre. Elle tient à la main un bouquet qu'elle effeuille pendant toute cette scène.)

LUCILE.

Mon frère!... Louise!... mon frère!...

MONTÉCLAIN.

Mlle d'Estève!...

LUCILE, surprise.

M. de Montéclain!... Ah! pardon, monsieur... vous n'avez pas vu Georges?...

MONTÉCLAIN.

Georges?... Vous savez jusqu'où l'emportent ses sombres préoccupations...

LUCILE.

Il eût dû ne pas oublier que mon père n'est pas ici... J'étais avec Mme de Brias et ces dames; M. Brias est venu les prendre; elles se sont éloignées avec lui... En vérité, on dirait que tout le monde me fuit... Alors j'ai cherché Louise... Mais où est-elle aussi?...

MONTÉCLAIN.

Eh bien! mademoiselle, il faut tout vous dire... Louise n'a pu résister à l'entraînement de son cœur; elle a voulu absolument aller embrasser son enfant.

LUCILE.

Ah!

MONTÉCLAIN.

Elle est à la Closerie des Genêts.

LUCILE.

Mais elle va se perdre, monsieur!

MONTÉCLAIN.

Oh! rassurez-vous, mademoiselle, je veille sur elle et j'espère la sauver.

LUCILE.

Ah! si vous faites cela, monsieur, si vous sau-

vez Louise... elle ne vous sera pas seule reconnaissante!

MONTÉCLAIN.

Ainsi, vous me saurez gré d'avoir achevé ce que vous avez si noblement commencé!

LUCILE.

Ne savez-vous pas que j'aime Louise comme une sœur?

MONTÉCLAIN.

Et moi aussi, j'aime la fille de mon vieux et brave Kérouan; pour épargner un chagrin à ce fier et austère vieillard, j'eusse donné ma fortune... Mais il y a de ces rapides pensées qui n'appartiennent qu'aux âmes du ciel... et si je n'avais appris de vous que la bonté a ses inspirations comme le génie, j'aurais peut-être voulu sauver Louise... mais je ne l'aurais pas su...

LUCILE.

J'ai fait ce que Dieu ordonne à tous ses enfans, monsieur... je n'ai pas condamné celle qui était tombée... je lui ai tendu la main pour la relever... C'était mon devoir, et cela ne vaut pas l'estime que vous en faites...

MONTÉCLAIN.

Je ne sais, mademoiselle, si, dans le monde où vous avez été élevée, on estime de telles actions seulement à la valeur d'un devoir accompli; mais, dans celui où j'ai vécu, de pareils exemples sont si rares, qu'il faut me permettre de les vénérer comme les élans de la plus pure vertu.

LUCILE.

Prenez garde, monsieur... en me louant avec cette exagération d'une chose si simple, vous paraissez oublier que vous vous y êtes associé, et que la meilleure part de ces éloges doit vous revenir.

MONTÉCLAIN.

Non, mademoiselle, non; car vous seule m'avez appris quel bonheur nous donne le bien qu'on fait aux autres... Ah! vous ne connaissez pas cette société vaine ou fausse où j'ai vécu trop longtemps... Imaginez-vous un homme enfermé depuis son enfance dans de vastes salons, éclairés de mille bougies; il n'est pas aveugle, sans doute, il voit tout à la lueur de ces flambeaux factices, et il croit tout connaître sous son véritable jour... Mais vienne un moment où les portes s'ouvrent, où les tentures tombent, où les obstacles s'écartent, et qu'un rayon de pur soleil jette tout à coup sa resplendissante lumière parmi ces pâles clartés... alors tout lui semble différent, tout s'éclaire pour lui d'un jour nouveau. Le faux éclat disparaît avec les fausses lueurs, et la naïve vérité reprend sa splendeur avec sa véritable lumière... Voilà ce qu'un rayon de vous a fait dans mon âme... Je connais maintenant ce qui est beau... et vous devez comprendre que je vous en remercie.

LUCILE, émue,

Ah ! monsieur... monsieur... pourquoi me dire tout cela ?

MONTÉCLAIN.

Pourquoi ne vous dirai-je pas ce qui est vrai ? Est-ce donc vous manquer de respect ?

LUCILE.

Je ne veux pas discuter à ce sujet, monsieur... Je veux croire que le respect que vous me témoignez est sincère , et je suis trop franche pour ne pas avouer que je m'en sens honorée... Mais permettez-moi de vous adresser une prière : — Je puis encore pleurer avec Louise... mais vous seul pouvez la sauver tout à fait... Laissez-moi donc remettre entre vos mains l'achèvement d'un bienfait où nous ne pouvons plus être unis.

MONTÉCLAIN.

Vous répugne-t-il donc parce que j'y suis mêlé ?...

LUCILE.

Je ne crois pas vous l'avoir montré, monsieur... (Avec embarras.) Mais vous n'ignorez pas les opinions de mon père...

MONTÉCLAIN.

Et vous les partagez, sans doute ?...

LUCILE.

Dans ma position , monsieur, on ne juge pas, on obéit.

MONTÉCLAIN.

Et dans la mienne, mademoiselle, on comprend que cette obéissance est une condamnation.

LUCILE.

Non, monsieur de Montéclain... je ne veux pas que vous l'entendiez ainsi. Quoique je n'accepte pas tout ce que vos paroles ont de flatteur, j'aime à croire que vous m'avez assez bien jugée pour reconnaître que je sais avoir une opinion et une volonté personnelles. Cette volonté, monsieur, elle est avant tout d'obéir à mon père, et d'accepter pour son bonheur tous les sacrifices qu'il voudra m'imposer... mais elle n'est pas de répondre par un dédain immérité à un homme que, pour ma part, je n'ai appris à connaître que par son dévouement pour une amie , et par son respect pour moi,... et maintenant...

(Elle le salue, et laisse tomber la dernière fleur de son bouquet; Montéclain s'en empare avec un élan passionné.)

MONTÉCLAIN.

Maintenant, mademoiselle, je sauverai Louise... et peut-être est-ce à votre père que j'irai en demander la récompense...

SCÈNE VII.

LUCILE, MONTÉCLAIN, LÉONA, BRIAS, Mme et Mlle DE BRIAS, JEUNES GENS, PAYSANS, puis DOMINIQUE et PORNIC.

LÉONA, au fond. — Elle est entrée quelques instans avant la fin de la scène précédente.

Ah ! vous demandiez où la blanche colombe s'était envolée ?... Vous voyez !...

MONTÉCLAIN, à part.

Léona !...

LUCILE.

Grand Dieu !... tout ce monde !..

Mme DE BRIAS, à Léona.

C'est triste... venez, ma fille.

LUCILE, allant à Mme de Brias et à sa fille.

Ah ! c'est toi, Amélie...

Mme DE BRIAS.

Pardon, mademoiselle... Ma fille reste avec moi...

LUCILE, à Mlle de Brias.

Amélie... (Mlle de Brias se retire. — Lucile avec un doux reproche.) Toi aussi ?

Mlle DE BRIAS.

J'obéis à ma mère...

(Mlle de Brias va près de sa mère.)

LUCILE.

Ah ! mon Dieu !... Qu'est-ce que cela veut dire ?...

(Elle va d'un autre côté; la société s'éloigne d'elle.)

MONTÉCLAIN, à Brias.

Brias... que prétend votre mère ?...

BRIAS.

Mais elle prétend que Mlle d'Estève est fort bien avec vous, et qu'il ne faut pas la déranger...

MONTÉCLAIN.

Brias... ceci veut du sang ! (A Léona.) Ah ! c'est donc cela, madame ?...

LÉONA.

C'est ce que vous avez voulu.

LUCILE, qui a été de côté et d'autre d'un air effaré, s'adressant à une fermière.

Ah ! c'est vous, Marianne... emmenez-moi chez mon père... emmenez-moi loin de cette fête...

MARIANNE.

Pardon, mamselle... mais il ne fallait pas y venir... Mathurine n'y vient pas, elle.

(Marianne rejoint ses compagnes. — Montéclain indigné, court près de Lucile.)

LUCILE.

Mais que veulent-ils donc tous ?...

LÉONA.

Ils veulent que les belles demoiselles...

MONTÉCLAIN.

Ah ! silence, madame !...

(En ce moment, un grand tumulte se fait entendre au dehors. — Dominique, pâle et furieux, entre tenant

Pornic au collet et le bâton levé sur lui. Une foule de paysans entrent après lui en le poursuivant de leurs cris.)

PAYSANS, en entrant,

Sus à Dominique !

DOMINIQUE, secouant Pornic.

Te tairas-tu, gredin !...

PORNIC.

Je dis que c'est vrai... moi !

DOMINIQUE.

Te tairas-tu, canaille !...

MONTÉCLAIN.

Ah ! c'est ce misérable... et qu'a-t-il osé dire ?...

DOMINIQUE.

Ce qui n'est pas vrai, n'est-ce pas, colonel ?

LUCILE.

Mais qu'est-ce donc, mon Dieu ?

PORNIC.

C'est qu'il y a du côté de la Closerie des Genêts...

DOMINIQUE, le frappant et le renversant.

Ah ! tu te tairas !...

PORNIC.

A moi, les gars ! on m'assassine !...

LES PAYSANS, prêts à s'élancer sur Dominique.

Sus à Dominique !

DOMINIQUE, se retournant.

Et j'en ai autant pour qui ose le répéter... Entendez-vous, mes gars !...(A Brias et à ses amis.) Entendez-vous, messieurs !...

BRIAS et AUTRES.

Des menaces ?...

LUCILE.

Dominique !...

BRIAS, levant sa canne.

Ah ! c'est trop...

MONTÉCLAIN, se jetant entre eux, et arrachant la canne des mains de Brias.

Messieurs !... dans une heure je serai à vos ordres,... dans une heure je vous attends tous... Mais jusque-là je tiens pour le dernier des lâches celui de vous qui oserait élever la voix devant cette jeune fille qui pleure... (A Lucile.) Prenez ma main, mademoiselle, c'est celle d'un soldat... c'est celle d'un homme d'honneur... c'est celle qui écrasera les reptiles impurs qui ont osé jeter leur poison sur votre nom !...(Lucile lui donne la main. — Ils sortent lentement en passant devant Brias.) Saluez, monsieur... (Brias sourit avec dédain. — Montéclain lui arrache son chapeau.) Saluez donc !

BRIAS.

Ah ! malheur à vous, Montéclain !

MONTÉCLAIN, à Briss.

Dans une heure... (A Léona.) Saluez !... (Bas.) Saluez, infâme !... (Léona, terrifiée, s'incline.)

DOMINIQUE, à Pornic qu'il a jeté par terre aux pieds de Lucile.

Et toi, à genoux !...(Montéclain et Lucile sortent.)

BRIAS, à ses amis.

Messieurs, dans une heure... chez Montéclain !

DOMINIQUE.

Et avec moi tout de suite... si vous êtes pressé...

PORNIC, se relevant.

A moi, les gars !... tombons dessus !...

(Les paysans s'élancent sur Dominique, qui les contient encore un moment.)

LÉONA, arrêtant Pornic ; bas et vivement.

Laisse cet homme, Pornic... Il y a encore pour toi vingt louis à gagner...

TOUS LES PAYSANS.

Mort à Dominique !

(Ils se jettent sur lui ; le combat commence au moment où le rideau tombe.)

Le théâtre représente la terrasse d'un jardin. — La maison du général à gauche. — Un pavillon à droite, avec une porte ouvrant sur la scène et une fenêtre en face du spectateur ; une table du jardin est placée à gauche, près de la porte de la maison. — Dans le fond, au delà d'une balustrade qui borde la terrasse, vue d'une riche campagne. — Le général et Kérouan sortent de la maison à gauche.

SCENE I.

KÉROUAN, LE GÉNÉRAL, puis LOUIS, puis PORNIC dans le pavillon.

LE GÉNÉRAL.

Ne me parle pas de lui.

KÉROUAN.

Je ne veux pas savoir tes secrets, puisqu'il ne te convient pas de me les dire... Mais, crois-moi, ce n'est pas en frappant toujours quelqu'un de sa faute, quelle qu'elle soit, qu'on le ramène dans le bon chemin... Avec ça, on finit par abrutir le cœur... et l'enfant qui n'est qu'à moitié perdu se dit : « Eh ben ! puisque rien ne peut me faire pardonner le mal que j'ai fait, autant vaut continuer... » Et alors il recommence.

LE GÉNÉRAL.

Je te réponds que Georges ne recommencera pas... il y a de bonnes raisons pour ça...

KÉROUAN.

Eh bien ! alors...

LE GÉNÉRAL.

Alors... alors... Tiens, tu parles de ce que tu ne connais pas... Crois-moi, Kérouan, s'il ne m'avait fait que ce que tant de jeunes gens font à son âge... des dettes... des scandales... est-ce que tu crois que je serais si irrité, si...

KÉROUAN.

Ah ! dame... si c'est plus que ça...

LE GÉNÉRAL.

Oui... Et ce n'est pas parce qu'il a tué dans mon cœur une espérance que je caressais depuis long-temps... Ce n'est pas parce qu'il a manqué à tous ses devoirs envers moi que je lui en veux... c'est parce que c'est lui-même qu'il a perdu... c'est... Ah ! mais, tiens, ne me parle pas de lui... ça me rend fou !... (Il appelle.) Hé ! Louis !... Louis !...

(Le général et Kérouan s'asseoient à la table, à gauche.)

LOUIS, sortant de la maison.

Mon général ?...

LE GÉNÉRAL.

Eh bien ! ce que je t'ai demandé ?...

LOUIS, posant une paire de pistolets sur la table.

Voilà, général.

KÉROUAN.

Ah ! ah ! tes vieux pistolets d'arçon ?...

LE GÉNÉRAL, prenant les pistolets à Louis.

C'est bon... Mais ce n'est pas tout...

LOUIS.

Dame !... je ne sais pas... s'il y a autre chose...

LE GÉNÉRAL.

Et le café, grand imbécile ?... le café ?

LOUIS.

Le café, mon général ?... je n'ai pas entendu...

LE GÉNÉRAL, criant.

Le café !... le café !... Tu entends cette fois ?... Allons, dépêche-toi !...

LOUIS, hésitant.

C'est qu'il n'y en a pas, général...

LE GÉNÉRAL.

Comment ! il n'y a pas de café chez moi ?... C'est un peu fort !...

LOUIS, bas, à Kérouan.

Mamselle l'a défendu... ça lui fait mal.

LE GÉNÉRAL.

Qu'est-ce qu'il te dit ce grand dadais-là.

KÉROUAN.

Eh ben ! il me dit qu'il n'y a pas de café pour toi... là...

LE GÉNÉRAL, se soulevant.

Qu'est-ce que ça signifie... Insolent, drôle !

KÉROUAN, le rasseyant.

Ça signifie que tu paies la moindre tasse de café d'une bonne attaque de goutte...

LOUIS.

Le docteur le disait encore hier.

LE GÉNÉRAL.

Les médecins sont des ânes... Il en prend bien, lui !

KÉROUAN.

Oui, mais il n'a pas vingt blessures sur le corps ; il n'a pas de rhumatismes qui le tiennent six mois de l'année cloué dans son fauteuil, il...

LE GÉNÉRAL.

Allons, ne vas-tu pas prendre la place de Lucile ? faire comme elle, me gronder, me compter

mes morceaux !... Que diable, j'ai un pauvre jour de liberté, et tu me le gâtes ?

KÉROUAN.

Comme tu voudras... mais tu seras malade.

LE GÉNÉRAL.

Je serai malade...

KÉROUAN.

Tu souffriras.

LE GÉNÉRAL.

Je souffrirai...

KÉROUAN.

Tu jureras, tu crieras.

LE GÉNÉRAL.

Je jurerai... je crierai...

KÉROUAN.

Et ça demande aux jeunes gens d'êtres raisonnables ! (A Louis.) Apporte le café, mon gars.

LOUIS.

Monsieur Kérouan, vous direz à Mlle Lucile, que j'ai été forcé...

LE GÉNÉRAL.

Eh bien ! drôle !... (Louis sort en courant.) C'est pourtant comme ça... je ne suis plus maître chez moi !... Pour avoir ce que je veux, il faut que j'emploie des moyens extraordinaires.

KÉROUAN.

Dans ce nombre, comptes-tu les armes à feu ?... Et était-ce pour faire obéir ce pauvre Louis, que tu avais demandé ces pistolets...

LE GÉNÉRAL, riant.

Non... monsieur Kérouan... non... J'ai fait demander ces pistolets... parce que je veux en faire cadeau à quelqu'un.

KÉROUAN.

Des pistolets qui t'ont été donnés par le roi Murat !...

LE GÉNÉRAL.

Il n'était pas roi alors, et il ne s'en battait que mieux... Si bien, que si je n'avais pas été le tirer, avec une vingtaine de chasseurs, d'un fouillis de Mameloucks où il s'était enfoncé jusqu'aux genoux, on ne l'aurait pas appelé Majesté quelque temps après, et fusillé comme un chien quelques années plus tard...

KÉROUAN.

Et à qui destines-tu ce magnifique cadeau ?...

LE GÉNÉRAL.

A un brave garçon que j'ai un peu brusqué la première fois que je l'ai vu... et qui, je crois, en fera bon usage... Murat s'en est servi cinq ans, et il est devenu roi, je les ai pas mal promenés à l'arçon de ma selle, et je suis devenu général... Eh bien ! je veux que ton fils leur fasse faire un peu la guerre... ça lui portera bonheur !

KÉROUAN, pressant les mains de son vieil ami dans les siennes.

Ah ! merci... merci, mon bon Simon !

LE GÉNÉRAL.

Tu les lui porteras de ma part.

KÉROUAN.

Du tout, du tout!... Il viendra les chercher; ça lui fera ben plus plaisir.

PORNIC, paraissant dans le pavillon avec un berceau sous le bras.

Je n'ai rencontré personne... Voyons un peu, avant d'aller plus loin...

(Il regarde autour de lui.)

LE GÉNÉRAL.

Ce ne sont pas des armes du nouveau système... mais quand on sait les manier, comme de notre temps... ça tire juste... Tiens, je te fais un pari.

KÉROUAN.

Lequel ?...

LE GÉNÉRAL, se levant avec Kérouan.

Je parierais encore faire passer une balle par le trou de la serrure de cette porte. (Il vise.)

PORNIC, dans le pavillon se rejetant en arrière.

Hein?

KÉROUAN.

Plaît-il ?

LE GÉNÉRAL.

Quoi ?

KEROUAN.

Il m'a semblé entendre du bruit dans ce pavillon...

LE GÉNÉRAL.

Dans le laboratoire de mademoiselle ma fille... que-nenni !... personne ne se risquerait à y entrer en son absence... elle ferait un beau vacarme ! Ah ! Kérouan, si ta ferme est bien tenue par Louise, ma maison est diablement bien gouvernée par Lucile.

PORNIC, dans le pavillon.

Impossible d'aller plus loin... Ma foi, laissons-le ici... il en arrivera ce que le bon Dieu voudra. (Il pose le berceau sur une table, referme la porte et disparaît.)

KÉROUAN, à lui-même.

Que diable, je ne rêve pas, et...

LOUIS, rentrant un plateau à la main.

Voilà le café...

LE GÉNÉRAL.

Le café ! le café !... Allons, Kérouan, à nous deux !... (Ils se rasseoient à la table. — A Louis qui verse.) Va donc, Louis, la tasse pleine et le bain de pied... Et l'eau-de-vie?... Tu as oublié l'eau-de-vie, maladroit?...

LOUIS.

Ah ! pour ça, Monsieur... il n'y en a pas... parole d'honneur !

LE GÉNÉRAL.

Est-ce que ça va recommencer, mille tonnerres !...

KÉROUAN.

Voyons, ne te fâche pas, Simon... Allons, Louis, sois bon enfant... je ne le dirai pas à mamselle Lucile...

LOUIS.

Avec ça que mademoiselle ne va pas vous trouver là... Je viens de l'apercevoir du bout de la terrasse qui revenait par ici...

LE GÉNÉRAL.

Diable ! diable !... dépêchons... (Il boit et se brûle.) Butor !... peut-on faire chauffer du café comme ça !

KÉROUAN, à Louis.

Tu t'es trompé... elle n'a pu quitter la fête si tôt que ça !...

LOUIS, allant au fond et regardant au bas de la terrasse à gauche.

Pardine... vous pouvez bien vous en assurer vous-même... Tenez, la voilà qui tourne le champ des Prêtres avec monsieur...

LE GÉNÉRAL.

Georges qui aura voulu revenir?

LOUIS.

Eh non ! avec M. le marquis de Montéclain.

(Le général et Kérouan posant vivement leurs tasses.)

LE GÉNÉRAL.

Le marquis de Montéclain !

KÉROUAN.

C'est pas possible !

(Il se lève, va au fond, regarde et redescend lentement la scène.)

LOUIS.

Vont-ils d'un pas !...

LE GÉNÉRAL, à lui-même.

Le marquis de Montéclain !...

LOUIS, regardant encore.

Tiens! ils prennent par la porte du bas... dans deux minutes ils vont être ici... (Descendant la scène.) Arrangez-vous avec mamselle Lucile, général... moi, je me sauve...

(Il rentre dans la maison.)

LE GÉNÉRAL.

Le marquis de Montéclain !... Est-ce vrai ?

KÉROUAN.

Dame! oui... (A part.) Qu'est-ce que cela veut dire ?

LE GÉNÉRAL.

Seule avec lui?

KÉROUAN.

Ce n'est pas probable.

LE GÉNÉRAL.

Georges... tu as vu Georges ?...

KÉROUAN.

Je n'ai pas bien vu.

LE GÉNÉRAL.

Ah ! ce que je craignais... ce qui faisait que je ne voulais pas laisser aller ma fille à cette fête. (Se levant avec violence.) Mais tu l'as voulu, toi... et ce misérable Montéclain...

KÉROUAN.

Mais quoi donc?...

LE GÉNÉRAL.

Je te dis que ton Montéclain est un lâche, qui

fait métier de compromettre les plus honnêtes filles ! Il m'en veut... il a voulu se venger... il a voulu... je ne sais pas, mais il a trompé Lucile... car ce n'est pas contre elle, que je parle au moins ?

KÉROUAN, à part.

Je ne sais plus que croire... et je n'ose lui répondre...

LE GÉNÉRAL.

Et Georges... Georges !... Où est-il le malheureux ?

KÉROUAN.

Mais, mon Dieu... c'est peut-être quelque accident qui lui est arrivé à ce garçon... Et peut-être ta fille vient l'avertir...

LE GÉNÉRAL.

Avec M. de Montéclain ?... Non... C'est quelque infamie... Il y avait ton fils, il y avait Dominique, il y avait tout le monde, excepté M. de Montéclain ! Ah !... je veux savoir pourquoi il est venu. Viens, Kérouan, donne-moi le bras.

(Au moment où le général va remonter la scène avec Kérouan, Lucile entre.)

∞∞∞∞∞∞∞∞∞∞∞∞∞∞∞∞∞∞∞∞∞∞∞∞∞∞∞∞∞∞∞∞

SCÈNE II.

KÉROUAN, LE GÉNÉRAL, LUCILE.

LUCILE, allant rapidement vers son pavillon.

Pourvu qu'il ne me voie pas... (Apercevant le général.) Mon père !...

LE GÉNÉRAL, retombant assis, à part.

Seule !...

KÉROUAN, à part, accablé.

Il y a quelque malheur là-dessous... (Haut.) Dis-moi, mon enfant...

LE GÉNÉRAL, bas, à Kérouan.

Tais-toi... (Haut.) Ah ! le voilà, Lucile ?...

LUCILE.

Oui, mon père... oui...

LE GÉNÉRAL.

Tu es revenue de bien bonne heure.

LUCILE.

C'est vrai... c'est vrai... J'ai craint, et je suis venue...

LE GÉNÉRAL.

Oui... tu es venue... et voilà que tu me surprends désobéissant à tes ordres... Tu vois... je prends du café...

LUCILE.

Vous faites bien, mon père.

LE GÉNÉRAL.

Ah !... tu ne me grondes pas, aujourd'hui ?

KÉROUAN, bas.

Simon... Simon... de la bonté...

LE GÉNÉRAL, bas.

Tais-toi... (Haut.) Et tu t'es bien amusée, à la fête ?...

LUCILE.

Oh !... non...

LE GÉNÉRAL.

Non !... c'est pour ça que tu es revenue tout de suite... avec ton frère, n'est-ce pas ?

LUCILE.

Non, mon père, non !

LE GÉNÉRAL, avec éclat.

Et avec qui donc ?...

KÉROUAN.

Voyons, Simon, tu es cruel... tu vois bien qu'elle est toute tremblante... toute pâle... Il est arrivé quelque malheur, c'est sûr... Voyons, ma fille, explique-toi... qu'est-il arrivé ?...

LUCILE.

Je ne sais pas...

LE GÉNÉRAL.

Comment ? tu ne sais pas...

KÉROUAN.

Simon !... Lucile, réponds... où as-tu laissé ton frère !...

LUCILE.

Je ne sais pas...

KÉROUAN.

Mais Aly, Dominique, Louise...

LUCILE, pleurant.

Je ne sais pas...

LE GÉNÉRAL.

Ah !... mais c'est un jeu...

KÉROUAN.

Voyons... n'aie pas peur, mon enfant... dis-moi tout... Pourquoi es-tu revenue si tôt ?... Pourquoi es-tu revenue avec M. de Montéclain ?

LUCILE.

Pourquoi ?... je vais vous le dire... J'étais à regarder les jeux avec Mlle de Brias... tout à coup j'entends chuchotter près de moi... M. de Brias vient parler à sa mère, qui me quitte avec sa fille et me laisse seule... Je cherche Louise, elle n'y était pas... Je cherche Georges, il n'y était... Je cherche votre fils, il n'y était pas non plus... Il n'y avait personne !...

LE GÉNÉRAL, à Kérouan.

Tu vois bien que c'est quelque infâme complot !...

KÉROUAN.

C'est étrange, en effet ?...

LUCILE.

Alors, me voilà m'en allant à travers tout ce monde, cherchant quelqu'un à qui me parler... mais quand j'approchais de mes bonnes amies, elles se détournaient ou faisaient semblant de ne pas me voir... Et puis, il y a une femme qui s'est mise à me suivre... en riant... en parlant... en me montrant au doigt... On ricanait... J'allais, je courais... et je crois que je serais devenue folle... si je n'avais rencontré M. de Montéclain !...

LE GÉNÉRAL.

Montéclain... celui qui, sans doute, avait arrangé cette horrible injure !

LUCILE.

Oh ! non, mon père, non... car lui seul m'a tendu la main, lui seul a fait taire tous ces misérables... lui seul m'a protégée... avec ce pauvre Dominique, qui s'est jeté comme un furieux sur tous ceux qui m'insultaient...

KÉROUAN.

Pauvre enfant !

LE GÉNÉRAL.

Mais que disaient-ils ?...

LUCILE.

Je n'ai pas entendu... et M. de Montéclain n'a pas voulu me le dire...

LE GÉNÉRAL.

Ah ! il n'a pas voulu te le dire, à toi... Il n'a pas osé venir me le dire, à moi !...

oooooooooooooooooooooooooooooooooooooooooooooooo

SCÈNE III.

LES MÊMES, DOMINIQUE, paraissant, les habits en désordre et avec quelques taches de sang sur sa chemise et sur sa figure.

DOMINIQUE.

Et il a bien fait, général !

KÉROUAN.

Dominique... blessé !...

LE GÉNÉRAL.

Blessé !

DOMINIQUE.

Oui... je porte leurs marques... Mais il y en a qui se souviendront des miennes... Il n'y a que ce scélérat de Pornic, que je n'ai pas pu achever... mais je le retrouverai, celui-là...

KÉROUAN.

Mais, que s'est-il donc passé ?

LE GÉNÉRAL.

Voyons, parle, toi.

DOMINIQUE.

Eh bien ! il s'est passé... (Il aperçoit Lucile.) Il s'est passé... que...

LE GÉNÉRAL.

Qu'on a insulté ma fille !...

DOMINIQUE.

Elle vous l'a dit ?

KÉROUAN.

Oui...

LE GÉNÉRAL.

Mais elle ne nous a pas dit pourquoi cette insulte...

DOMINIQUE.

Elle n'en sait rien, n'est-ce pas ?... Vous voyez bien que ce n'était pas vrai, que c'était un mensonge, une infamie !

LUCILE.

Mais quel mensonge ?

LE GÉNÉRAL.

Quelle infamie ?

KÉROUAN.

Oui, ce qu'on disait...

DOMINIQUE.

Ce qu'on disait...

LE GÉNÉRAL.

Oui, ce que M. de Montéclain n'a pas voulu répéter à ma fille... ce qu'il n'a pas osé venir me dire...

DOMINIQUE.

Pour que vous lui fassiez sauter le crâne sans vous informer de rien ?... Il a bien fait.

KÉROUAN.

Mais c'est donc bien épouvantable ?...

LE GÉNÉRAL.

Ah ! tu veux donc me faire mourir...

DOMINIQUE.

Eh ! bien... allez-vous-en, mademoiselle Lucile, allez-vous-en... Il y a des choses qui ne doivent pas salir l'oreille d'une honnête fille...

LUCILE.

Et on en salit ma réputation !... Mais qu'est-ce donc ?

LE GÉNÉRAL.

Parleras-tu ?...

DOMINIQUE, à Kérouan.

Eh bien ! non !... pas devant elle... je n'oserais pas... Ah ! si vous saviez !...

KÉROUAN.

Il a raison, Simon... il a raison, ma fille... rentre, rentre dans la maison.

LUCILE.

Mais je suis innocente, au moins, innocente de tout crime !...

KÉROUAN.

Est-ce que j'en doute !...

LUCILE.

Mon père...

LE GÉNÉRAL.

Allez... allez... Oh ! j'en mourrai.

KÉROUAN, emmenant Lucile du côté de la maison.

Viens, viens... et compte sur ton vieil ami... car je suis aussi ton ami, à toi, qui aime tant ma Louise...

LUCILE.

C'est vrai, père Kérouan... (A part.) C'est plus vrai qu'il ne pense.

(Elle entre un instant dans la maison.)

LE GÉNÉRAL, à Dominique.

Eh ! bien... parleras-tu, à présent ?...

KÉROUAN.

Voyons, que s'est-il passé ?

DOMINIQUE.

Eh ! ben, je me promenais tranquillement dans la foule, lorsque j'entendis parler de séduction...

KÉROUAN.

De séduction !...

DOMINIQUE.

Oui... de mystère... on nommait le marquis de Montéclain.

LE GÉNÉRAL.

Tu vois... le marquis de Montéclain et ma fille, n'est-ce pas?... Oh! les infâmes!...

KÉROUAN.

Mais c'est une calomnie!

DOMINIQUE.

Certainement... c'est une calomnie.

KÉROUAN.

Lâcheté toujours facile à commettre, car il suffit d'un mot, d'une supposition...

LE GÉNÉRAL.

Mais comment le disaient-ils? car on n'insulte pas une jeune fille comme a été insulte Lucile sur un propos?...

DOMINIQUE.

Dame! on faisait un conte... horrible...

LE GÉNÉRAL.

Un conte?...

DOMINIQUE.

Dont je ne crois pas un mot, qui sera démenti, tout à l'heure... mais qui n'en a pas moins fait de mal...

LE GÉNÉRAL.

Mais quel conte?

LUCILE, sortant de la maison.

Oh! je saurai ce qu'on a dit de moi...

DOMINIQUE, bas et se tenant contre Kérouan et le général.

Eh bien! on prétend... qu'on a vu souvent Mlle Lucile... aller... là-bas, dans le taillis... à la Closerie des Genêts.

LUCILE, à part.

Je n'entends pas...

LE GÉNÉRAL.

Où elle avait des rendez-vous avec M. de Montéclain peut-être!...

LUCILE.

De la fenêtre de ce pavillon, j'entendrai mieux...

(Elle marche à pas légers vers le pavillon.)

DOMINIQUE.

Oui... on dit qu'il y allait aussi... mais ce n'est pas tout...

LE GÉNÉRAL.

Comment!...

KÉROUAN.

Achève donc!

DOMINIQUE.

Eh bien! on prétend que c'est là qu'elle a caché...

(En ce moment Lucile pousse la porte du pavillon et y entre.)

LE GÉNÉRAL.

Mais quoi donc?...

DOMINIQUE.

L'enfant né de sa faute.

LE GÉNÉRAL.

Horreur!...

KÉROUAN.

Ce n'est pas vrai!

LUCILE, sortant du pavillon.

Ah! mon Dieu!

TOUS.

Qu'est-ce donc?

LUCILE.

Ce berceau... cet enfant... qui donc l'a porté ici?

LE GÉNÉRAL.

Cet enfant!... cet enfant... c'est le tien, malheureuse!...

LUCILE.

Mais, mon père... c'est... (A part.) Ah! Kérouan! Pauvre Louise!...

LE GÉNÉRAL.

Tu ne réponds pas!... Ah! misérable!... toi aussi tu m'as déshonoré... Tiens... tiens... (Il prend ses pistolets.) Meurs, infâme!

DOMINIQUE, courant sur lui.

Arrêtez!

KÉROUAN, se plaçant devant Lucile.

Simon... tire donc sur moi!...

LUCILE.

Oh! mon Dieu, il me croit coupable!

(Elle tombe évanouie.)

FIN DU DEUXIÈME ACTE.

ACTE TROISIÈME.

Le théâtre représente un salon avec trois portes au fond, dont deux sont à pans coupés. — Celle de gauche ouvre sur les appartemens du général, celle de droite sur la cour du château, celle du milieu sur les jardins. — Porte, au premier plan à gauche, de la chambre de Lucile. — Table, fauteuils, une chaise longue.

SCÈNE I.

LE GÉNÉRAL, sur la chaise longue, KÉROUAN, DOMINIQUE.

LE GÉNÉRAL, avec une amertume contenue.

Vous avez raison tous deux ; j'ai eu tort... je me suis laissé emporter comme un furieux... et le mal n'est pas si grand que je me le suis imaginé...

KÉROUAN.

Le mal est grand, mais il n'est pas irréparable... si...

LE GÉNÉRAL.

Comment donc !... mais c'est la chose la plus simple du monde... M. de Montéclain trouvait ma fille à son gré... Il eût pu me la demander en mariage ; ça se faisait du moins comme ça, de mon temps... et je crois que ça se fait encore comme ça chez ces idiots de bourgeois qui sont en arrière de leur siècle ; mais M. de Montéclain est un homme de la vrai noblesse d'autrefois, et un véritable lion de la jeunesse d'aujourd'hui : il a pris un autre chemin, il a séduit ma fille, il l'a déshonorée... et il faudra bien que je la lui donne, s'il veut bien l'accepter... c'est beaucoup mieux ; et tu vois, Kérouan, que nous ne sommes que des imbéciles, des ganaches, qui ne sommes plus à la hauteur de notre époque...

DOMINIQUE, bas, à Kérouan.

Il me fait peur, Kérouan... Il en deviendra fou...

KÉROUAN, bas.

C'est pour ça que je n'ose pas lui dire la vérité.

LE GÉNÉRAL.

Aussi, je suis de votre avis, maintenant... Toi, Dominique, tu vas aller à la Closerie des Genêts ; tu verras cette prétendue nourrice, tu l'interrogeras... et je suis sûr que tu me rapporteras de bonnes nouvelles... Tous ces bruits ne sont que des calomnies... cet enfant n'a jamais existé... Va, va, Dominique... je te vois revenir d'ici content et satisfait. Quant à toi, Kérouan, je te remercie d'avance de la démarche que tu vas faire près de M. de Montéclain... Tu le sermonneras bien, n'est-ce pas?... c'est un bon maître qui t'écoutera respectueusement... Il se repentira... et nous serons tous heureux... Allez... et faites bien les choses... je vous attends...

DOMINIQUE, bas.

Profitons de la permission, Kérouan... d'abord pour le petiot... et puis, je la retrouverai peut-être à la ferme...

KÉROUAN, bas.

Pourvu qu'elle ne se soit pas réfugiée chez M. de Montéclain !

DOMINIQUE, bas.

Ah ! mon Dieu, mon Dieu ! quel malheur !

KÉROUAN.

Prends garde !... (Au général.) Écoute, Simon...

LE GÉNÉRAL.

Que je ne vous gêne pas... Restez donc ensemble ; continuez à causer tout bas. C'est pour mon bien, n'est-ce pas ?...

KÉROUAN.

Oui, pour ton bien... et tu n'es pas franc avec nous.

LE GÉNÉRAL.

Moi !...

KÉROUAN.

Oui, toi !... car, enfin, tu fais semblant de ne plus être en colère, tandis qu'au fond de l'âme, je suis sûr que tu roules quelque sinistre projet.

LE GÉNÉRAL.

Que faut-il donc pour vous contenter !... Il y a quelques heures, j'ai crié, j'ai menacé, je voulais tuer tout le monde... Vous m'avez dit qu'il fallait me calmer... je me suis calmé ; j'ai pleuré alors, et j'ai voulu me tuer, moi... Vous m'avez dit qu'il fallait me consoler... je me suis consolé... Que voulez-vous de plus ?...

DOMINIQUE, bas.

Je vous dis que la tête déménage... qu'il n'y a que la vue de sa fille qui le ramènera. Il faut qu'il la voie. Je vais la chercher...

KÉROUAN, bas.

Et moi, je vais chez le marquis.

DOMINIQUE.

Quoi que vous puissiez dire, général, il y a dans tout ceci quelque chose de plus ou de moins que je veux savoir et que je saurai... Je vais à la Closerie des Genêts.

LE GÉNÉRAL.

Va, mon garçon, va...

KÉROUAN.

Et si M. de Montéclain ne répondait pas comme il le doit, souviens-toi, Simon, qu'avant qu'il fût mon maître... j'étais ton ami.

LE GÉNÉRAL.

Oui, vous êtes mes amis, je le sais... mes vrais amis... Allez... allez...

DOMINIQUE.

Je serai bientôt de retour.

KÉROUAN.

Et moi aussi. Du courage et de la patience, et bientôt nous saurons la vérité tout entière.

(Ils sortent.)

SCÈNE II.

LE GÉNÉRAL, puis LOUIS.

LE GÉNÉRAL, seul.

Oh! la vérité... vous me la cacheriez l'un et l'autre... vous vous mettriez entre elle et moi, comme vous vous êtes jetés entre ma fille et ma colère... Allez... allez arranger quelque histoire à laquelle vous prétendrez me faire croire... Moi, je découvrirai la vérité... et alors... je ferai justice!... (Il sonne.) Louis!... Louis!...

LOUIS, entrant par la porte des appartemens du général.

Général...

LE GÉNÉRAL.

As-tu trouvé et conduit ici celui que je t'ai dit?...

LOUIS.

Oui, général.

LE GÉNÉRAL.

Amène-le-moi.

LOUIS, rentrant dans l'appartement du général.

Oui, général.

LE GÉNÉRAL, seul un moment.

Celui-là me dira la vérité... Il ne m'aime pas... et il ne me doit rien.

SCÈNE III.

LE GÉNÉRAL, PORNIC, LOUIS.

LOUIS, reparaissant suivi de Pornic.

Par ici, gars, par ici...

PORNIC.

Me voilà... me voilà...

LOUIS, le poussant.

Marche donc!...

PORNIC.

Eh! doucement... chacun à son pas...

LE GÉNÉRAL.

Avance... et n'aie pas peur...

PORNIC.

Je n'ai rien volé à personne... et je n'ai peur de personne!

LE GÉNÉRAL.

C'est bien... (A Louis.) Va-t'en, toi... et si Kérouan et Dominique revenaient... dis-leur que je suis seul... et que je veux rester seul.

LOUIS.

Oui, général.   (Il sort.)

SCÈNE IV.

LE GÉNÉRAL, PORNIC.

LE GÉNÉRAL.

Autant que je puis te connaître, tu es intéressé, n'est-ce pas?

PORNIC.

Comme je vois qu'on traite les pauvres comme des chiens, je tâche de ne pas l'être...

LE GÉNÉRAL.

Regarde cette canne et cette bourse... Il y a là dix louis; si tu me dis la vérité, l'argent est pour toi; si tu me mens... je te casse la canne sur les épaules.

PORNIC.

En ce cas, je n'ai pas d'intérêt à mentir...

LE GÉNÉRAL.

Dis-moi donc ce que tu as appris au sujet de l'enfant caché dans la Closerie des Genêts.

PORNIC.

Je vais vous le dire tout droit, ni plus ni moins qu'il n'y en a... Un soir, à la tombée du jour, il y a de ça une quinzaine et demie, j'allais chercher le bétail qu'était en pâture dans le pré aux Nonnes. Tout en poussant mes bœufs... v'là que je fais rencontre de mam'selle Lucile, qui gagnait du côté de la Closerie aux Genêts... Comme je savais qu'elle n'était point craintive d'aller dans les plus mauvais chemins pour faire du bien eux pauvres gens, et que je savais aussi que Marguerite n'avait pas toujours du pain à la huche, j'lui tire mon bonnet, et j'étais en train de me dire que c'était là une brave et honnête d'moiselle...

LE GÉNÉRAL, levant sa canne.

Je ne te demande pas les réflexions... mais la vérité... la vérité, sinon...

PORNIC.

Si c'est comme ça, général, dites-moi ce que vous voulez que je vous apprenne... vous serez plus sûr d'être content.

LE GÉNÉRAL.

Eh bien, va, continue... mais hâte-toi.

PORNIC.

J'étais donc à me dire que votre fille était une brave et honnête demoiselle, lorsque voilà que je suis tout à coup accosté par une belle dame...

LE GÉNÉRAL.

Une dame!...

PORNIC.

Qui me dit comme ça : «C'est-il pas là mam'selle d'Estéve?»

LE GÉNÉRAL, à part.

Une dame!...

PORNIC.

Oui, que je lui réponds, en ôtant ainsi mon bonnet... «Eh! ben, qu'elle me dit, je ne peux pas aller plus loin, à cause qu'elle me verrait si je la suivais sur ses talons... au lieu que toi, tu peux e glisser à travers les genêts et les ajoncs... et il y a un écu pour toi si tu peux me dire où elle va...»

LE GÉNÉRAL.

Et qu'est-ce que tu vis?...

PORNIC.

Je vis mam'selle Lucile entrer dans la masure

je me collai à une fente de la porte, et je la vis
encore qui regardait doucement un petiot qui
dormait dans un berceau. Elle donna à Marguerite des brimborions de linge... de l'argent... et le
petiot s'étant éveillé, elle se mit à le caresser, à
l'embrasser, à lui rire !...

LE GÉNÉRAL.

Tu l'as vu ?

PORNIC.

Comme je vous vois... et...

LE GÉNÉRAL.

Après ?...

PORNIC.

Après, elle sortit, et je retournai près de la
belle dame qu'était restée en compagnie avec
mon bétail...

LE GÉNÉRAL.

Elle t'avait attendu ? et tu lui racontas, n'est-
ce pas ?...

PORNIC.

Je ne voulais pas lui voler son argent... je lui
dis tout. Bon Dieu du ciel ! vous ne pouvez vous
imaginer la mine qu'elle fit en m'écoutant !...
« C'est-il possible !... ça ne l'est-il pas !... ah !
si ça l'était !... Le marquis en est capable... » et
ci et ça... qu'elle parlait toute seule !...

LE GÉNÉRAL.

Mais cet enfant... quel est cet enfant ?...

PORNIC.

C'est précisément ce que m'a demandé la
dame... et comme elle avait peur que Marguerite ne voulût pas lui conter l'histoire, c'est moi
qui y suis passé en n'ayant l'air de rien et qui lui
ai demandé tout naïsement d'où lui venait ce
petit nourrisson. Alors, Marguerite m'a tout dit :
comment un soir, une jeune dame qu'elle ne con-
naissait point lui avait porté cet enfant en ca-
chette, et lui avait donné de l'argent en lui dé-
fendant de dire rien à personne... comment cette
jeune dame était revenue souvent ; comment,
quelques jours après, un monsieur était venu de
son côté : puis comment ils y étaient venus tous
deux...

LE GÉNÉRAL.

Mais qui lui a dit, à cette malheureuse, que
cette dame fût ma fille ?... que ce monsieur fût
le marquis de Montéclain ?...

PORNIC.

Pardine ! c'est moi, qui depuis le premier jour
ai été mis en sentinelle par l'autre dame et qui ai
vu revenir tantôt mam'selle Lucile, tantôt M. le
marquis. Je le sais ben... l'autre dame me donnait un écu par jour pour ça.

LE GÉNÉRAL.

Mais cette femme, quelle est cette femme ?

PORNIC.

Laquelle ?...

LE GÉNÉRAL.

Celle qui te payait.

PORNIC.

Oh ! pour **ça, mon** général, vous en savez pro-
bablement plus que moi... car elle vous connaît...

LE GÉNÉRAL.

Moi ?...

PORNIC.

Sinon pas vous, du moins votre fils... puisqu'elle m'a remis au moins six lettres pour lui,
que j'ai été glisser la nuit, dans la boîte qu'est à
la grande grille.

LE GÉNÉRAL.

Des lettres pour Georges ?...

PORNIC.

Et en preuve de ce que je vous dis... c'est
qu'en voilà une, qu'elle m'a chargé de lui remettre à c'matin... car c'est ce qui a fait que
Louis m'a trouvé aux environs.

LE GÉNÉRAL.

Une lettre ?... tu as une lettre ?... donne-la-
moi...

PORNIC.

Si vous voulez la remettre à M. Georges, ma
commission sera toute faite.

LE GÉNÉRAL, prenant la lettre.

Ah ! peut-être découvrirai-je enfin le fil de
cette horrible intrigue !...   (Il ouvre la lettre.)

PORNIC.

Mais, général...

LE GÉNÉRAL.

Silence !... (Il lit et va à la signature.) Ah !...
malheur !... malheur !...

PORNIC.

Qu'est-ce qu'il y a donc ?...

LE GÉNÉRAL.

Va-t'en !... va-t'en !...

PORNIC.

Dame ! vous m'avez demandé la vérité... je
vous l'ai dite... et vous m'avez promis...

LE GÉNÉRAL, lui jetant sa bourse.

De l'argent... prends, misérable !... et puisse-
t-il te rendre tout le mal que tu as fait...

PORNIC.

Je l'ai pourtant honnêtement gagné... car, je
puis bien le jurer, je n'ai pas menti d'un mot...
(A part en sortant.) Ce n'est pas ma faute, si ça
lui fait de la peine...

SCÈNE V.

LE GÉNÉRAL, seul.

Madame de Beauval... ici !... écrivant à Georges... et à quel sujet, mon Dieu !... (Lisant.)
« Georges, vous l'avez voulu, vous m'avez forcée
» à dévoiler l'inconduite de votre sœur ; vous
» m'avez forcée à rendre publique son intrigue
» avec Montéclain. » (Parlé.) Son intrigue avec
Montéclain !... Elle l'a écrit... Ce n'est pas assez
du crime de ma fille, il faut encore que j'en sois

souffleté par la main de cette infâme !... (Lisant.) « Et pensez-vous que Mlle d'Estève, que M. de » Montéclain abandonnera peut-être dans sa » honte, ne puisse maintenant nommer sa sœur » la femme dont vous avez absous le passé en » lui donnant votre nom ? » (Parlé.) Et cette femme sera ma fille ! elle appellera Lucile sa sœur, et M. de Montéclain abandonnera la malheureuse dans sa honte !... Oh ! non, non !... Je la sauverai de ce dernier degré d'infamie... je leur montrerai à tous comment un père venge son honneur !... (Il se lève.) Ils ne m'arrêteront pas cette fois !... Elle sera partie avant leur retour... (Il se traîne vers la chambre de Lucile ; appelant :) Lucile !... Lucile... Lucile !... (Il entre.) Lucile !... (Il ressort.) Elle n'y est pas !... Elle s'est enfuie... avec son séducteur peut-être... Ah ! misère !... Dominique !... Kérouan... Kérouan !... Dominique... Ils m'ont tous quitté... et Georges ?... Georges !... Lucile !... Pas un enfant... pas un ami près de moi... et le déshonneur partout !... (Après une pause.) Ah ! il me reste peut-être un valet, un valet pour me soutenir... un valet pour me conduire... et ils me verront !... (Il sonne.) Louis !... Louis !...

oooooooooooooooooooooooooooooooooooooooooooooooo

SCÈNE VI.

L_e GÉNÉRAL, LOUIS.

LOUIS.

Général...

LE GÉNÉRAL.

Tu as vu sortir ma fille, toi ?...

LOUIS.

Non, général... vous savez bien que depuis qu'on l'a emportée dans sa chambre, M. Kérouan seul y est entré.

LE GÉNÉRAL, à lui-même.

Il le savait !... il m'a menti... Ah ! il a été sans doute avertir ce Montéclain. Louis... les chevaux sont prêts, n'est-ce pas ?

LOUIS.

Oui, général...

LE GÉNÉRAL.

Mon habit... mon chapeau ! (Louis sort et rentre bientôt l'habit et le chapeau du général à la main.) Eh bien !... j'irai, moi aussi... j'irai... Nous nous verrons face à face ce marquis et moi... et l'on saura auquel des deux, du vieillard ou du jeune homme, la main tremblera à l'heure du combat !... (Il ôte sa robe de chambre.) Louis... mon habit...

LOUIS.

Nais ! général...

LE GÉNÉRAL, s'habillant.

Mon habit... mon chapeau... mes pistolets...

LOUIS.

Vos pistolets ?...

LE GÉNÉRAL.

Mes pistolets !... (Louis sort et revient avec les pistolets.) Et ma croix de grand-officier, là, sur mon cœur... Ça lui servira de point de mire, à ce vaillant colonel !...

(Il prend ses pistolets et va pour sortir.)

oooooooooooooooooooooooooooooooooooooooooooooooo

SCÈNE VII.

L_e GÉNÉRAL, KÉROUAN, puis DOMINIQUE, puis LOUISE.

KÉROUAN, entrant.

Où vas-tu donc, Simon ?

LE GÉNÉRAL.

Que vous importe !...

KÉROUAN.

Comme tu me parles ?...

LE GÉNÉRAL.

Comme on doit parler aux faux amis... qui mentent...

KÉROUAN.

Qui mentent ?...

LE GÉNÉRAL.

Où est ma fille, Kérouan ?...

KÉROUAN.

Je n'ai pu la trouver nulle part.

DOMINIQUE, entrant.

Ni moi non plus... j'ai été à la ferme... j'ai été...

LE GÉNÉRAL.

Eh bien ! je la trouverai, moi !...

KÉROUAN.

Mais où vas-tu donc ?...

LE GÉNÉRAL.

Chez M. de Montéclain !...

KÉROUAN.

J'en viens... il n'est pas chez lui...

LE GÉNÉRAL.

Tu mens !... tu as peur pour lui. S'il n'est pas le dernier des lâches, il y sera pour moi...

KÉROUAN.

Eh bien !... j'y vais avec toi...

DOMINIQUE.

Et moi aussi, général...

LE GÉNÉRAL.

Je n'ai besoin de personne, messieurs mes amis...

DOMINIQUE.

Mais moi, j'ai besoin d'y être, et je vous suivrai... à moins que vous ne me cassiez la tête tout de suite...

KÉROUAN.

Et je veux être avec toi, Simon... car si ce que tu redoutes est vrai, il n'y a ni passé, ni reconnaissance, ni nom qui tienne ; il faut que tu sois vengé ou satisfait, et tu le seras...

LE GÉNÉRAL.

Venez donc si vous voulez... plus il y aura de témoins, plus je serai content.

(Le général sort par la porte de la cour avec Dominique. — Louise entre rapidement par la prte du jardin.)

LOUISE, au dehors, appelant.

Lucile! Lucile!... (Kérouan s'est arrêté.—Louise entre.) Ah! mon Dieu!... où est Lucile?... Lucile!...

KÉROUAN, vivement et suivant le général de l'œil.

C'est toi, Louise?...

LOUISE, s'arrêtant avec terreur, à part.

Mon père!... grand Dieu!...

KÉROUAN, vite.

Et tu as ben fait de venir... Eh ben! Lucile, que dit-elle?

LOUISE, étonnée.

Lucile!... Vous me demandez Lucile?

KÉROUAN.

Oui... mais elle n'est donc pas allée à la ferme?

LOUISE, de même.

Lucile? Mais elle n'est donc pas ici?

KÉROUAN.

Ah! le général a raison, elle est chez le marquis! Ah! la malheureuse... la malheureuse!

LOUISE, de plus en plus étonnée.

Lucile chez le marquis de Montéclain?

KÉROUAN.

Oubliant jusqu'où pouvait aller la colère du général contre l'innocente créature qu'elle a abandonnée...

LOUISE.

Abandonnée!

DOMINIQUE, au dehors.

Eh bien! Kérouan?

KÉROUAN.

Me voilà!... (A sa fille.) C'est mal... mais Dominique a dû tout te dire... et toi, tu en prendras soin: tu veilleras sur le pauvre enfant!

DOMINIQUE, au dehors.

Kérouan?...

LOUISE, à part, épouvantée.

Le pauvre enfant!...

KÉROUAN.

Me voilà! (A lui-même.) Pauvre général! (En sortant, embrassant sa fille.) Ah! Louise, Louise!... Dieu nous sauve, toi d'une pareille faute et moi d'un pareil malheur!

SCÈNE VIII.

LOUISE, seule.

Dieu nous sauve d'une pareille faute et d'un pareil malheur! a-t-il dit... et il a parlé d'une innocente créature abandonnée? Il a parlé de Lucile?... de... que voulait-il dire?... Est-ce à moi qu'il parlait?... Est-ce mon père qui me parlait?... ou bien suis-je folle?... et le délire de cette nuit,

passée à chercher mon pauvre enfant, me fait-i[l] entendre des voix qui n'existent pas, et dresse-t-il devant moi des fantômes qui me répètent les plaintes qui crient dans mon cœur!...

SCÈNE IX.

LOUISE, MADELINE.

MADELINE, pleurant.

Mon Dieu!... mon Dieu!... qu'est-ce que ça veut donc dire?

LOUISE, absorbée.

Et Lucile n'est pas ici!... Mais où aller et que faire à présent? (Apercevant Madeline.) Ah! Madeline!

MADELINE.

Mamselle Louise!... Béni soit Dieu de ce que je vous trouve enfin! Vous allez me dire ce que tout cela signifie.

LOUISE.

Mais quoi donc?

MADELINE.

A ce matin, à l'aube du jour, j'allais venir pour savoir où vous étiez, lorsque voilà Dominique qui entre tout effaré... en me disant : « Où est Louise?... »

LOUISE.

Et que lui as-tu-dit?

MADELINE.

Rien... j'ai pas eu le temps; il avait l'air à moitié fou... Il tenait un berceau.

LOUISE.

Un berceau!...

MADELINE.

Oui... avec un pauvre petiot; et il m'a dit : « Donne-le à Louise, qu'elle en prenne soin. »

LOUISE.

Moi!... moi!... Es-tu sûre de ce que tu me dis là?

MADELINE.

Mais oui... Bon Dieu, qu'avez-vous donc?

LOUISE.

Dominique t'a bien dit de me remettre ce berceau, cet enfant?...

MADELINE.

Eh ben, oui!... il me l'a dit, et il a ajouté, tout haletant qu'il était : « Dis-lui que c'est son père qui le lui recommande. »

LOUISE.

Mon père!... mon père!..

MADELINE.

Et comme j'interrogeais Dominique, il m'a ajouté en se sauvant: « Louise doit connaître ce terrible secret... dis-lui que c'est l'enfant de la Closerie des Genêts!... »

LOUISE.

L'enfant de la Closerie des Genêts!... lui?... envoyé par mon père?... dans notre maison?...

ce n'est pas possible... je rêve... Oh! mon Dieu!
(D'une voix tremblante.) Madeline... tu es bien là,
n'est ce pas ?...

MADELINE.

Mais oui...

LOUISE.

C'est bien toi ?...

MADELINE.

Mais oui, mamselle.

LOUISE, à part.

C'est donc qu'il sait la vérité et qu'il m'a par-
donné... (Haut.) Viens... viens, Madeline...
(Elle entraîne Madeline vers la porte des jardins. —
Lucile paraît.)

SCÈNE X.

LOUISE, LUCILE, et d'abord MADELINE.

LUCILE.

Je te trouve, enfin !

LOUISE.

Lucile... Lucile.... tu sais... tu sais tout !...

LUCILE.

Laisse-nous, Madeline.

MADELINE.

Oui, mamselle. (En sortant.) Ah! mon Dieu!
qu'est-ce que ça veut dire ?   (Elle sort.)

LOUISE.

Tu sais que mon père a envoyé mon pauvre
enfant à la ferme... Tu sais qu'il a eu pitié de
lui ?...

LUCILE.

Oui... oui, ton père a été bon pour moi.... Il
m'a défendue...

LOUISE.

Toi !... toi !... et pourquoi ?

LUCILE, tombant sur le canapé.

Ah! j'ai cru que je ne t'atteindrais jamais...

LOUISE, s'asseyant près d'elle.

Tu me cherchais ?

LUCILE.

Oui, pour t'avertir, pour te dire que moi je ne
t'abandonnerai pas... mais que tu dois comprendre que je ne puis me taire plus long-temps... Si
ce n'était que moi, va, je saurais me mettre au
dessus d'une calomnie...

LOUISE.

D'une calomnie !...

LUCILE.

Mais je ne peux pas laisser souffrir mon père
comme il souffre... Tu me pardonneras... mais je
ne peux pas risquer ses jours pour te sauver...

LOUISE.

Pour me sauver?... Ah! mon Dieu!... mon
Dieu!... Mais qu'est-ce donc qu'on me dit ?...
Je ne sais plus, je ne comprends plus.

LUCILE.

Louise... ma pauvre Louise ; mais pourquoi
donc es-tu venue ?... et que t'a-t-on dit...

LOUISE.

Mais je suis venue... parce qu'on m'a volé mon
enfant !... parce que j'ai couru toute la nuit
comme une folle... le cherchant... l'appelant...
perdue dans le bois et dans l'obscurité, jusqu'au
moment où, avec le jour qui m'a montré ma
route, une espérance m'est entrée au cœur; c'est
que toi qui t'étais faite sa mère, tu devais savoir
où il est... et je suis venue te le demander à toi...
à toi, ma sœur...

LUCILE.

Et tu ne sais rien de plus ?...

LOUISE.

Rien !... si ce n'est qu'on vient de me dire que
Dominique a porté un enfant à la ferme... que
mon père m'a dit d'en prendre soin... que Madeline me l'a répété... que... Mais pourquoi trem-
bles-tu comme ça ?

LUCILE.

Ah! pauvre Louise !... pauvre Louise !... je
comprends tout maintenant !... Ah! béni soit
Dieu que leur erreur ait duré jusque-là !...

LOUISE.

Leur erreur ?...

LUCILE.

Louise, ma bonne Louise, écoute-moi... et ne
t'épouvante pas...

LOUISE.

Qu'as-tu donc à me dire, que tu pleures ?...
Est-ce qu'il est mort ?...

LUCILE.

Non! mais hier, à la fête... il s'est passé quelque chose d'affreux!

LOUISE.

A la fête !... C'est vrai, Madeline m'a parlé
tout à l'heure de la fête.

LUCILE.

De méchantes gens ont parlé de la Closerie des
Genêts...

LOUISE.

Ah! mon Dieu...

LUCILE.

On a accusé quelqu'un.

LOUISE, se levant éperdue.

Ah! miséricorde, je suis perdue !... C'est donc
pour ça que M. de Montéclain m'a éloignée !...
Ainsi on a publié ma honte... on m'a accusée.

LUCILE.

Non pas toi... ma pauvre Louise...

LOUISE.

Pas moi ?... pas moi ?... mais qui donc ?...

LUCILE.

Celle que les apparences accusaient peut-être
plus que toi, celle qui allait souvent dans la ferme
où...

LOUISE.

Toi... toi !... c'est impossible !

LUCILE.

C'est vrai cependant...

LOUISE.

Toi! on t'a accusée!... (Avec éclat.) Ah! mon Dieu, est-ce ainsi que vous récompensez la vertu... (Venant aux pieds de Lucile.) Ah! Lucile... Lucile, pardonne-moi... pardonne-moi!

LUCILE.

Calme-toi, ma Louise, et écoute-moi...

LOUISE.

Tu t'es défendue, n'est-ce pas ?... tu le devais... tu as rejeté la honte à qui elle appartenait... tu as bien fait!... tu as bien fait!...

LUCILE.

Non, Louise... j'ai pensé à toi...

LOUISE.

Et tu ne m'as pas accusée ?... Ah!... ange du ciel... bonne Lucile, ma sœur...

LUCILE.

Mais, comme je te l'ai déjà dit, je ne peux pas laisser souffrir plus long-temps mon père.

LOUISE.

Ton père!...

LUCILE.

Oui, il m'a crue coupable, il m'a maudite, il a voulu me tuer...

LOUISE.

Et tu n'as rien dit ?...

LUCILE.

Que pouvais-je dire? ton père, à toi, était là.

LOUISE.

Et le tien ignore encore que tu es innocente ? que tu es, toi, le modèle le plus saint de charité et de vertu ?...

LUCILE.

Avant de rien lui dire, je voulais te voir... je voulais te prévenir...

LOUISE, se relevant avec Lucile.

Et tu me laisses là, quand il souffre, quand il t'accuse, quand il te maudit ?... et je ne l'ai pas encore vu, et je ne lui ai pas encore crié : « Bénissez votre fille innocente... C'est moi... c'est moi qu'il faut maudire!... c'est moi qui suis coupable? » Où est-il ?... où est-il ?...

LUCILE.

Louise!... Louise, laisse-moi le voir; je lui dirai tout... et il te protégera, et il te pardonnera.

LOUISE.

Mais il a voulu te tuer, pauvre enfant!

LUCILE.

Mais ton père m'a couverte de son corps... et le mien te sauvera à son tour...

LOUISE.

Oh! qu'il me sauve ou qu'il me maudisse, qu'importe! Lucile, c'est toi qu'il faut sauver d'abord. (Remontant la scène avec Lucile et appelant.) Général! général!... (Le marquis paraît.) Monsieur de Montéclain!...

SCÈNE XI.

LOUISE, LUCILE, MONTÉCLAIN.

LUCILE, à part.

Ah! j'étais bien sûr qu'il ne nous abandonnerait pas!...

LOUISE.

Monsieur le marquis, vous venez la justifier, n'est-ce pas?

MONTÉCLAIN.

Oui... je sais la sublime générosité de Mlle d'Estève... et c'est à moi de lui faire rendre le respect qui lui est dû....

LUCILE.

Mais mon père voudra-t-il vous entendre... vous qu'il accuse ?...

MONTÉCLAIN.

Rassurez-vous; je lui apporte plus que ma parole pour votre justification... je lui apporte la preuve de votre innocence.

LOUISE.

Ne suis-je pas là d'ailleurs pour lui dire la vérité!

MONTÉCLAIN.

Kérouan doit encore l'ignorer... Écoutez-moi, Louise; j'ai fait de votre salut une des espérances de ma vie... Il y a quelqu'un qui m'a dit que son cœur me remercierait de vous avoir sauvée... Et je ne te plaindrais pas, pauvre enfant, à cause de ton malheur, je ne t'aimerais point, parce que tu es la fille du vieux et fidèle ami de ma famille; que je te sauverais aux dépens de ma fortune et de ma vie; rien pour ce remercîment qui m'a été promis...

LOUISE.

Qu'ai-je donc fait pour tant de bonté, mon Dieu!

MONTÉCLAIN, faisant passer Louise près de Lucile.

Tu souffres... et elle t'aime.

LUCILE.

Oui, confions-nous à lui, ma sœur... Dieu l'inspirera.

MONTÉCLAIN.

Et maintenant, veuillez faire en sorte que je parle à M. d'Estève.

LUCILE.

Oui... monsieur le marquis...   (Elle sort.)

SCÈNE XII.

LOUISE, LUCILE, MONTÉCLAIN, puis LOUIS, puis MADELINE, puis KÉROUAN, puis DOMINIQUE, puis LE GÉNÉRAL, puis MADAME LA COMTESSE DE BRIAS, SON FILS, SA FILLE, et la société qui est venue à la fête.

LOUIS, accourant.

Ah! mamselle... mamselle!...

LUCILE.

Où est mon père ?

LOUIS.

J'accourais pour vous dire que le voilà qui rentre... mais à peine a-t-il mis le pied hors de la voiture, qu'il a aperçu les chevaux de M. le marquis, et alors...

MADELINE, accourant épouvantée.

Ah ! M. le marquis... mon parrain ! cachez-vous ! sauvez-vous !

MONTÉCLAIN.

Pourquoi donc ?

MADELINE.

Le général est comme un fou... il parle de vous tuer... il repousse mon oncle Kérouan...

MONTÉCLAIN.

Je vais au-devant de lui... et sa colère se changera bientôt en joie...   (Il va pour sortir.)

KÉROUAN, entrant.

Mais où allez-vous donc comme ça ?

MONTÉCLAIN.

Parler à M. d'Estève, qui me doit de m'écouter avant de condamner personne.

KÉROUAN.

Mais il ne vous écoutera pas... mais sa tête est perdue... mais c'est folie à vous de tenter la colère d'un père !

LOUISE, bas, à Lucile.

Tu vois !...

MONTÉCLAIN.

Il n'y a que les coupables qui fuient le danger, et si M. d'Estève n'écoutait que sa rage, c'est sur lui que retomberait tout le malheur...

DOMINIQUE, qui vient d'accourir.

Mais vous voulez donc qu'il y ait un crime de commis ?...

MONTÉCLAIN, avec éclat.

Un homme qui s'appelle le comte d'Estève ne commet pas de crime.

LE GÉNÉRAL, paraissant tout à coup sur le seuil de la porte du jardin.

Mais il punit le misérable qui l'a déshonoré !

MONTÉCLAIN.

Non, général ! il respecte même son ennemi, quand son ennemi vient dans sa maison et lui dit : « Me voilà, monsieur !...

(Il se place en face de lui et reste immobile.)

LE GÉNÉRAL, après une pause.

Vous avez raison, monsieur. Ce n'est pas pour vous assassiner que je voulais vous rencontrer... venez...

MONTÉCLAIN.

Et c'était pour vous détromper, que je vous cherchais.

LE GÉNÉRAL.

Pour me détromper ?... vous voulez dire pour me mentir...

MONTÉCLAIN.

Quand j'entrais chez vous, général, vous deviez croire que je venais vous parler d'honneur.

LE GÉNÉRAL, remettant ses armes à Dominique et descendant la scène.

D'honneur ?... vraiment, après avoir déshonoré mon nom, monsieur le marquis de Montéclain vient me parler d'honneur ?... Sans doute c'est de l'honneur qu'il veut bien me faire en me demandant la main de ma fille.

MONTÉCLAIN.

Ce serait pour moi que serait l'honneur, monsieur ; mais je craindrais de ne pas en être assez digne.

KÉROUAN, indigné.

Ah ! monsieur le marquis !

LE GÉNÉRAL, à part.

Misérable !... (Haut.) Mais qu'êtes-vous donc venu faire ici ?... Pensiez-vous que tant d'insolence resterait impunie, parce que mon fils m'a abandonné, le lâche ! parce que vous n'y trouveriez qu'un vieillard infirme ?

MONTÉCLAIN.

Votre fils serait ici pour me défendre, s'il ne vengeait en ce moment même l'honneur de sa sœur.

LE GÉNÉRAL.

Comment donc êtes-vous ici, et quel autre adversaire que vous peut-il avoir ?

MONTÉCLAIN.

Celui qui s'est fait l'écho d'une infâme calomnie...

LE GÉNÉRAL.

D'une calomnie !... vous l'osez dire ?... vous !

MONTÉCLAIN.

Et je vous en apporte la preuve... (Bas.) Veuillez dire qu'on nous laisse seuls.

LE GÉNÉRAL, se reculant.

Parlez haut !... monsieur... la honte a été publique... il faut que la réparation le soit aussi... comme le sera le châtiment.

MONTÉCLAIN, haut.

Eh bien, général, lisez donc... (Bas, lui remettant la lettre que Louise a envoyée à son père, à Lamballe.) Mais prenez garde devant qui vous lisez.

LE GÉNÉRAL.

Que veut-il dire ?...

LUCILE, bas, à Louise.

Ah ! que lui a-t-il écrit ?

LOUISE, jetant de loin, avec anxiété, un regard sur la lettre, et la reconnaissant.

Ma lettre !

LUCILE, même jeu.

Ah ! tais-toi... tais-toi...

LE GÉNÉRAL, à part, s'asseyant sur le canapé.

De Louise !

(Le général, assis à droite un peu à l'arrière, lit la lettre.—Montéclain, debout près de lui, le masque aux autres personnages. — Kérouan, au milieu de la scène, à l'arrière, regarde chacun d'un air surpris... — Louise et Lucile sont à gauche. — Louise, tournée du côté de Lucile, qui la contient du geste... Madeline est tout à fait à gauche; Dominique tout à droite de l'autre côté du canapé où est le général.)

LE GÉNÉRAL, bas, à Montéclain.

Quoi! monsieur le marquis, c'était Louise?...

MONTÉCLAIN, bas.

Oui, général.

LE GÉNÉRAL, bas.

Et cette lettre?

MONTÉCLAIN, bas.

Votre fille la lisait aux courses de Lamballe... elle trompait Kérouan... et je vous dirai plus tard...

LE GÉNÉRAL, bas.

Ah! je comprends... Noble enfant, elle sauvait son amie... elle se dévouait, elle... et moi... je l'ai accusée!...

(Il se penche en avant pour regarder sa fille, les larmes dans les yeux.)

MONTÉCLAIN, bas.

Prenez garde!

LE GÉNÉRAL, à part.

Pauvre Lucile! (Il lui envoie un baiser...—Lucile lui fait signe de contenir sa joie en lui montrant Louise. A part.) Oh! mon Dieu, qu'elle a dû souffrir!...

LUCILE, bas, a Louise.

Nous sommes sauvées!

KÉROUAN, à lui-même.

Il n'embrasse pas sa fille...

MONTÉCLAIN, au général, à voix haute.

Et maintenant voulez-vous m'écouter seul?..

LE GÉNÉRAL.

Oui... oui...

KÉROUAN, regardant, à lui-même.

Et Louise pleure?

LE GÉNÉRAL.

Allons, mes enfans... allons, j'ai besoin d'être seul avec M. de Montéclain.

MONTÉCLAIN, allant vers Lucile et Louise.

Allez, mademoiselle... allez, Louise...

KÉROUAN, au moment où Louise va remonter la scène, l'arrête et va près du général. — A part.

Qu'est-ce que cette lettre? (Haut.) Ainsi tu es content, Simon?

LE GÉNÉRAL, troublé.

Certainement... oui, et je veux...

KÉROUAN.

Cette lettre... prouve que ta fille est innocente?

LE GÉNÉRAL.

En doutes-tu?

KÉROUAN.

Oh!... non... non... (A part.) C'est la même! (Haut.) Et cette preuve tu nous la diras... n'est-ce pas?

LE GÉNÉRAL.

Il suffit qu'elle me satisfasse, et...

(Il va cacher la lettre dans la poche de son habit; Kérouan lui arrête la main.)

KÉROUAN.

Mais il ne me suffit pas à moi (Il saisit la lettre.)

LE GÉNÉRAL.

Laisse cette lettre, malheureux!

KÉROUAN.

Cette lettre eat à moi! (A Montéclain et à Lucile.) Et puisque vous m'avez menti tous deux en me la lisant... tu vas me la lire, toi, Louise.

(Il la ramène jusqu'à l'avant-scène.)

MONTÉCLAIN.

Silence, Louise!...

LE GÉNÉRAL.

Ne la lis pas, Louise!...

KÉROUAN.

Monsieur le comte et monsieur le marquis, taisez-vous!... c'est son père qui lui parle... Lis... malheureuse... lis.

(Il lui tend la lettre; Louise à genoux fait un effort et s'arrête.)

LOUISE.

Mon père... mon père, grâce!

KÉROUAN.

J'écoute...

LOUISE, lisant, la voix brisée de sanglots.

« Mon père... j'ai oublié tous les devoirs de » l'honneur... Dieu m'en a punie par le malheur... » Je vais m'en punir par la mort... » (Parlé.) Oui, j'ai voulu mourir... oui...

KÉROUAN.

Lisez! lisez!

LUCILE, à part.

Pauvre Louise!

LOUISE, lisant.

« Pardonnez-moi de ne pas vous nommer celui » qui m'a perdue!... pardonnez-moi si, en mou- » rant de son abandon... j'emporte son secret » dans ma tombe pour ne pas le livrer à votre » vengeance... »

KÉROUAN, à voix basse.

Mais tu n'es pas morte!... Après?,..

LOUISE, lisant.

« Je veux qu'il n'y ait de malédiction que sur » moi!... Je ne veux de châtimens que pour » moi!... »

MONTÉCLAIN.

Noble cœur!

LE GÉNÉRAL.

Brave fille!

LOUISE, lisant.

« En apprenant ma faute, moi vivante, vous » m'eussiez tuée avec mon enfant! c'eût été peut- » être un crime devant Dieu et devant les hom- » mes! je l'ai gardé pour moi, et peut-être Dieu » me pardonnera-t-il ma mort, puisqu'elle vo·

» épargne le désespoir et le malheur de me pu-
» nir !... Adieu... mon père !... adieu, et soyez
» béni !... »

(Kérouan reste immobile, Montéclain se place entre
lui et sa fille qu'il relève et confie à Lucile, le
général se lève et s'approche de Kérouan.)

LE GÉNÉRAL, d'un côté, lui prenant la main.

Kérouan, mon ami.

MONTÉCLAIN, de l'autre, même jeu.

Kérouan !... écoute-moi !...

KÉROUAN, s'agenouillant lentement.

Mon Dieu Seigneur ! vous qui punissez et qui
pardonnez ! vous qui m'avez soutenu pendant
quarante ans de travaux et de combats ! vous
qui m'avez appris à souffrir pour votre sainte
cause ! vous qui m'avez toujours montré où était
le chemin de l'honneur !... Inspirez-moi, Seigneur
mon Dieu ! et dites-moi votre volonté !

(Il baisse la tête.)

LUCILE, bas à Louise.

Oh ! il te pardonnera.

LOUISE.

Jamais ! jamais !

(En ce moment, un grand bruit se fait entendre du
côté des jardins. — La porte s'ouvre, et Mme de
Brias, suivie de son fils, de sa fille et de toute la
société qui a paru à la fête, entre rapidement.)

LE GÉNÉRAL, allant au devant d'eux pour les
arrêter.

Ah ! madame ! madame !...

Mme DE BRIAS.

Pardon, général, si j'entre ainsi ; mais je venais
vous apporter mes excuses et celles de mon fils.

LE GÉNÉRAL.

Pas un mot de plus ! je vous en supplie !...

KÉROUAN, se relevant lentement.

Faites, madame. — Chacun sa part... à la vertu
et à l'innocence, le respect et la vénération... au
vice et au crime, la honte et le châtiment. —
Venez... venez Louise... notre place n'est plus
parmi les heureux et parmi les honnêtes gens !

(Il prend la main de Louise et s'éloigne avec elle. —
Tous, frappés de surprise ou de douleur, s'inclinent
devant lui. — Le rideau tombe.)

FIN DU TROISIÈME ACTE.

ACTE QUATRIÈME.

PREMIER TABLEAU.

Le théâtre représente un salon. — Léona est à moitié couchée sur un canapé. Montéclain est assis près d'elle. Dominique est au milieu de la scène ; Pornic, à l'extrême droite.

SCÈNE I.

LÉONA, MONTÉCLAIN, DOMINIQUE, PORNIC.

LÉONA , à Dominique.

Mais, mon brave homme, je ne comprends pas un mot de ce que vous dites.

MONTÉCLAIN.

C'est un grand admirateur de la beauté... et votre présence le trouble : vous n'avez jamais été plus belle !...

DOMINIQUE.

Pardon... je m'exprime cependant clairement et lucidement... Le général m'a dit... (A Pornic.) Quelle volée je vas te flanquer tout à l'heure !

PORNIC.

On verra...

LÉONA.

Mais, que dites-vous à Pornic ?

DOMINIQUE.

Est-ce que je parle à des rien du tout de canaille comme ça ?...

PORNIC.

Ah ça ! mais Dominique...

DOMINIQUE.

Tu murmures ?...

LÉONA.

Monsieur Dominique... j'attends...

DOMINIQUE.

C'est juste, madame... (A Pornic.) Tu verras !... (A Léona.) Le général m'a donc dit... (A Pornic.) Je te casserai qunlque chose !...

LÉONA.

Cela ne finira donc pas ?

MONTÉCLAIN.

Voulez-vous me permettre de m'en mêler, chère Léona ? — Monsieur Dominique...

DOMINIQUE.

Présent, mon brave colonel.

LÉONA.

Ah ! vous êtes mieux qu'autrefois, ce me semble !...

DOMINIQUE.

Un peu... et j'en suis fier. Faut bien qu'il y ait des honnêtes gens quand il y a des gueux... (A Pornic.) Tu ne mourras que de ma main...

LÉONA.

Eh bien ! colonel, vous ne réussirez pas mieux que moi...

MONTÉCLAIN.

Va-t'en, Pornic.

PORNIC.

Avec plaisir !

DOMINIQUE.

A la bonne heure, je te suis.

(Il l'empêche de sortir.)

MONTÉCLAIN.

Et la consigne, Dominique ?...

DOMINIQUE, sur la porte, tirant une lettre de sa poche.

C'est juste... v'là donc une lettre que le général m'a dit... (A Pornic.) Ah ! tu ne bougeras pas...

LÉONA.

Une lettre ?... ah ! l'on daigne m'écrire à présent.

DOMINIQUE, de loin, tendant la lettre.

Voilà... (A Pornic.) Le défilé est gardé...

LÉONA.

Eh bien ! cette lettre ?

DOMINIQUE, s'allongeant le plus qu'il peut.

Voilà...

MONTÉCLAIN.

Il faut que j'achève la commission... (Il prend la lettre. A part.) C'est bien l'écriture du général... (A Leona.) Tenez, belle dame...

DOMINIQUE.

J'attends la réponse... et Pornic aussi...

LÉONA.

Ah ! l'on me demande des entrevues maintenant !... je vous dois cela, Montéclain.

MONTÉCLAIN.

Vous ne le devez qu'à votre admirable adresse...

LÉONA, à Dominique.

Attendez un moment, brave homme.

MONTÉCLAIN, à part.

J'ai bien fait de venir...

(Il écrit au crayon, pendant que Léon a écrit à la table.)

PORNIC, bas, à Dominique.

Mais vous voulez donc m'assassiner ?...

DOMINIQUE.

Je veux te donner une brossée que le diable en prendra les armes.

LÉONA, remettant sa lettre au colonel.

Tenez, voici ma lettre.

MONTÉCLAIN, fourrant dans la lettre de Léona le billet qu'il vient d'écrire au général. — A Dominique.

Ce billet au général.

PORNIC, qui a vu le mouvement du marquis.

Tiens ! M. le marquis...

DOMINIQUE, lui serrant le bras avec force, Pornic crie.

Veux-tu te taire...

LÉONA.

Encore !...

DOMINIQUE.

Rien... je m'asseyais...

LÉONA.

Voici ma réponse... et voici pour vous...

(Elle lui présente une petite bourse.)

DOMINIQUE.

Madame la comtesse croit parler à quelque Pornic... Je ne reçois que ce qui m'est dû, et je ne donne à personne que ce qui lui est dû... (A Pornic.) Je ne te laisserai pas un morceau entier.

LÉONA.

Mais moi, je ne reprends jamais ce que j'ai donné... (Elle jette la bourse par terre.)

DOMINIQUE.

En ce cas, ramasse-le, Pornic, ça te servira à te faire raccommoder...

PORNIC, à part, ramassant la bourse.

Tant que j'aurai des jambes... je réponds du reste... (Il se sauve.)

DOMINIQUE, le poursuivant.

Veux-tu bien m'attendre !...

(Tous deux disparaissent.)

SCÈNE II.

MONTÉCLAIN, LÉONA.

LÉONA.

Le terrible Dominique ne peut me pardonner la scène de la fête...

MONTÉCLAIN.

Je le crois.

LÉONA.

Et malgré vos airs doucereux, vous ne me pardonnez pas non plus d'avoir dérangé vos secrets desseins.

MONTÉCLAIN.

Mais vous les avez servis à merveille, au contraire... Grâce à vous, la maison du général, demeurée jusqu'à présent inabordable pour moi, ne peut rester plus long-temps fermée à celui qui a rendu à sa fille un service signalé.

LÉONA.

Vous appelez cela un service?

MONTÉCLAIN.

Donnez-lui le nom que vous voudrez... toujours est-il que je suis en position de pouvoir maintenant parler de mon amour, et peut-être de mon mariage.

LÉONA.

Et qui pourrait y mettre obstacle, je vous prie ?...

MONTÉCLAIN.

Le général, d'abord.

LÉONA.

Je sais bien qu'il n'aime pas beaucoup les mariages qu'il ne fait pas... mais il faudra bien s'y décider...

MONTÉCLAIN.

Mais il y a avant tout, la volonté de Mlle d'Estève.

LÉONA.

La volonté de Mlle d'Estève !... Vous moquez-vous de moi, Montéclain? et celle qui a si complétement accepté votre amour refusera-t-elle un nom qui peut seul la sauver ?

MONTÉCLAIN.

Comment dites-vous ?

LÉONA.

Je dis, monsieur, que vous jouez un rôle fort ridicule avec moi, et fort odieux pour Mlle d'Estève, en plaisantant sur le compte d'une jeune fille que vous avez perdue.

MONTÉCLAIN, riant.

Comment, Léona, vous en êtes encore là... Ah! bon Dieu !... vous, la reine des intrigues brûlantes, des résolutions hardies... vous pensez encore à cette niaiserie de la fête !

LÉONA.

Dont vous paierez les frais...

MONTÉCLAIN.

Mais c'est fini... c'est usé... c'est d'hier... Ah ! nous sommes bien plus avancés que ça...

LÉONA.

Quoi ! cette aventure...

MONTÉCLAIN.

Allons donc ! vous n'y avez pas cru un moment...

LÉONA.

Vous osez nier...

MONTÉCLAIN.

Oh ! je vous croyais plus forte que ça... Quand on calomnie, Léona, on se donne au moins la peine de savoir l'effet de ses inventions... Commen., vous ne savez pas que Mme de Brias et son fils ont été porter leurs excuses au général? Vous ne savez pas que, depuis ce matin, tout le voisinage a été protester contre l'insulte faite à Mlle d'Estève ?

LÉONA.

Mais cet enfant ?...

MONTÉCLAIN.

Appartenait à une pauvre fille qui l'avait confié à Lucile.

LÉONA.

Ce n'est pas vrai !... ce n'est pas vrai !

MONTÉCLAN.

Vous savez bien, ma chère, que je ne me donne la peine de mentir avec personne.

LÉONA.

S'il ne craignait rien, pourquoi le général m'aurait-il demandé un rendez-vous ?

MONTÉCLAIN.

Il vous l'a demandé, mais il n'y viendra pas.

LÉONA.

Qui l'en empêchera ?

MONTÉCLAIN.

Moi !

LÉONA.

Vous oseriez ?...

MONTÉCLAIN.

C'est déjà fait.

LÉONA.

Dominique emporte la réponse où je lui dis que je suis prête à le recevoir.

MONTÉCLAIN.

Oui, mais dans votre lettre il emporte aussi un billet de moi ainsi conçu : « Pour votre bonheur » et pour votre repos, général, ne voyez pas Mme » de Beauval. »

LÉONA.

Quoi ! vous vous êtes permis...

MONTÉCLAIN.

Et j'ai ajouté : « Il est nécessaire que le ma- » riage de Georges reste encore secret pendant » quelques jours. »

LÉONA.

Venait-il donc pour le reconnaître ?

MONTÉCLAIN.

Non, mais il venait pour vous déclarer que si vous ne quittiez pas ce pays dans deux heures, il vous faisait arrêter immédiatement pour cette fâcheuse histoire qui a eu lieu chez M. d'Hérici, et dont vous savez qu'il a la preuve.

LÉONA.

Eh bien ! monsieur, dans deux heures, tout le pays connaîtra la vicomtesse d'Estéve... Qu'il me déshonore alors, s'il l'ose.

MONTÉCLAIN.

Il l'osera... Mais, moi, je ne veux pas.

LÉONA.

Vous !

MONTÉCLAIN.

Oui, moi... car j'aime Mlle d'Estéve ! Que j'entre dans la famille du général pour réparer un outrage ou pour satisfaire un amour bien innocent, je suis dans la même position, et je dois vouloir éviter tout scandale.

LÉONA.

Vous me trompez, Montéclain ?

MONTÉCLAIN.

Que je sois déshonoré, si je vous mens d'un mot...

LÉONA.

Mais ce mystère aura un terme ?... mon mariage sera reconnu ?

MONTÉCLAIN, avec intention.

Sur mon honneur, je m'engage à publier moi-même le mariage de M. Georges d'Estéve et de Mme la comtesse de Beauval.

BERTRAND, entrant.

Colonel, il y a là un de vos soldats...

MONTÉCLAIN.

Pardon, belle dame... C'est Aly, à qui j'avais

fait dire de venir me trouver jusqu'ici. Voulez-vous me permettre ?...

LÉONA.

Non, restez... J'ai ma toilette à achever... Faites entrer, Bertrand. Écoutez, Montéclain, je prends votre parole, et j'en attendrai l'effet jusqu'à demain.

MONTÉCLAIN.

Je ne vous en demande pas tant.

LÉONA.

C'est bien entendu ; demain, mon mariage avec Georges sera publiquement reconnu, ou bien vous me permettrez de le publier moi-même, quelque scandale qui puisse en résulter ?

MONTÉCLAIN.

C'est convenu ; mais jusque-là, ce secret doit rester entre nous ?

LÉONA.

Je vous le promets... (A part.) Mais je veux savoir avant s'il m'a trompée.

SCÈNE III.

LÉONA, ALY, MONTÉCLAIN.

MONTÉCLAIN.

Aly !... Aly !... (Aly entre. — Bas.) Eh bien ! M. d'Avatianne...

ALY, bas.

Il sera à Montéclain ce soir, avec le notaire.

MONTÉCLAIN.

Si tard !

ALY.

Le notaire a son étude à faire, à ce que m'a dit M. d'Avatianne ; en attendant, il m'a chargé de ce petit mot pour vous.

LÉONA, à part.

Il parle bas... Très bien... (Elle prend quelques objets sur la table en examinant le colonel et Aly.)

MONTÉCLAIN, prenant la lettre.

Voyons : (Lisant à voix basse.) « Tout ce que » vous pensez relativement à Mme de Beauval est » vrai : mais la faiblesse du duc d'Hérici lui a » laissé des titres, contre lesquels il serait lui- » même impuissant, à supposer qu'il osât les lui » contester... »

LÉONA, de loin, en riant.

Eh bien ! êtes-vous content des nouvelles que vous recevez ?...

MONTÉCLAIN.

Enchanté. (A part.) Je m'en doutais ; il ne me reste qu'un moyen... je le tenterai.

LÉONA.

A tout à l'heure, colonel... je vous retrouverai ici ?...

MONTÉCLAIN.

Peut-être... les choses doivent-elles aller plus

4

vite que je ne croyais. On m'attend chez moi...
Voulez-vous y venir ce soir même... vous y trouverez vos amis... Et peut-être tout sera-t-il fini
dans quelques heures...

LÉONA.

Vous devenez tout à fait charmant.

MONTÉCLAIN.

Je m'inspire de vous... A ce soir, n'est-ce pas ?...

LÉONA.

A ce soir...

(Elle rentre dans un cabinet au fond, à gauche.)

MONTÉCLAIN, à part.

Il le faut... Pourvu que le général ne vienne pas
tout brouiller avec ses emportemens... et pourvu
que je puisse encore éloigner Aly... (Haut.) Aly...

ALY.

Présent !...

MONTÉCLAIN.

Tu vas rester ici...

BERTRAND, entrant vivement et annonçant.

Monsieur d'Estéve !

SCÈNE IV.

MONTÉCLAIN, ALY, GEORGES, puis
LÉONA, un moment après.

MONTÉCLAIN.

Georges !... l'imprudent !... (Georges paraît.)
Vous ici, malheureux ?... Qu'y venez-vous faire ?

GEORGES.

Ce que j'y viens faire ? mais vous ne savez
donc pas que ce monstre, Mme de Beauval...

MONTÉCLAIN, bas et vite.

Silence ! (indiquant Aly à Georges.) Le frère de
Louise.

ALY, à part.

Il paraît qu'il la connaît aussi.

MONTÉCLAIN, montrant une porte à droite.

Aly ! va m'attendre là, dans cette antichambre.

ALY.

Oui, colonel.

MONTÉCLAIN.

Tu y resteras jusqu'à ce que je vienne te
prendre, pour retourner au château.

ALY.

Oui, colonel... mais si vous aviez longtemps à
causer... je pourrais pousser jusqu'à la ferme.

MONTÉCLAIN.

Impossible... J'ai besoin de toi... Il y va du
salut de quelqu'un...

ALY.

En ce cas, colonel, vous me trouverez au poste,
à moins que la banquette ne s'en aille toute seule,
et qu'elle ne m'emmène...

(Il sort. Au même instant Léona entr'ouvre doucement la porte par laquelle elle est sortie, en disant :)

LÉONA, à part.

On a annoncé M. d'Estéve... (Apercevant Georges assis sur le canapé et se retirant.) Georges !
qu'est-ce que cela veut dire ?...

(Elle rentre dans le cabinet.)

SCÈNE V.

MONTÉCLAIN, GEORGES.

MONTÉCLAIN, allant à Georges.

Imprudent !... vous ne savez donc pas que les
calomnies de Mme de Beauval sont déjouées ?

GEORGES.

Je le sais.

MONTÉCLAIN.

Vous ne savez donc pas que Louise a dû
avouer sa faute ?

GEORGES.

Je le sais ; et je sais aussi que vous avez fait
jurer à son père de respecter sa vie...

MONTÉCLAIN.

Est-ce donc tout que de vivre, et ne devriez-
vous pas être près d'elle pour soutenir son courage ?

GEORGES.

Près d'elle ?... et pourquoi faire, monsieur ?...
Pour l'entendre me redemander son honneur,
que je ne puis lui rendre !... pour voir son père
la maudire !... pour subir tous les affronts qu'il
prodiguera au lâche qui l'a perdue, qu'elle a juré
de ne pas nommer, et qui ne peut s'accuser lui-
même !...

MONTÉCLAIN.

C'est le châtiment de votre faute, Georges, et
il faut l'accepter.

GEORGES.

Mais si Louise, tremblante sous les menaces
de son père, laisse échapper le secret de notre
amour, que lui dirai-je alors, moi ?... faudra-t-il
que je commette la dernière des lâchetés en lui
mentant encore ?... ou en la tuant avec ce mot :
Je suis marié !

MONTÉCLAIN.

Votre position est affreuse, je le sais... mais ce
n'est pas en venant ici que vous vous sauverez.

GEORGES.

Le salut est impossible... mais la vengeance ne
l'est pas.

MONTÉCLAIN.

Que prétendez-vous donc ?...

GEORGES.

Peu vous importe, monsieur... il faut que je
voie Mme de Beauval ; malgré mes avis, malgré
mes menaces, elle m'a poussé jusqu'aux dernières
extrémités du malheur... Louise est perdue... et
si son père ou son frère me demandent ma vie en
retour de son honneur, vous me croyez assez

honnête pour être sûr que je ne la défendrai pas
contre eux. Il faut donc que je meure... Eh!
bien, Montéclain... je ne mourrai pas seul...
j'entraînerai dans ma perte celle qui m'y a
poussé.

MONTÉCLAIN.

Un crime n'en rachète pas un autre, monsieur; et lorsque le malheur pèse si durement
sur celle que vous avez perdue, la lâcheté serait à
l'abandonner.

GEORGES.

Mais que faire, monsieur, que faire?... me
taire? c'est une lâcheté; parler? c'est un crime...
Dites-moi qu'en épargnant Mme de Beauval,
dites-moi qu'en l'implorant, dites-moi qu'en
mourant seul je puis sauver Louise, et tout ce
que vous voudrez, monsieur, je le ferai.

MONTÉCLAIN.

Georges, ce serait une folie de vous donner une
espérance... et cependant, il est vrai que quelquefois un homme échappe où dix mille ont péri...
Je ne sais rien, je ne vois rien qui puisse vous
sauver, mais vous devez à Louise de tenter même
l'impossible... Écrivez à Mme de Beauval que
vous serez ce soir chez moi... (A part.) De cette
façon je suis plus assuré qu'elle y viendra...

GEORGES.

Mais pourquoi cette entrevue?

MONTÉCLAIN.

Je vous le dirai... Je n'ose vous donner une
espérance... mais s'il y a un moyen de salut il
est là.

GEORGES, allant à la table et s'apprêtant à écrire.

Je crois à votre amitié, Montéclain, et je me fie
à vous.

MONTÉCLAIN.

C'est bien... (Il va à la porte à droite et appelle.)
Aly!...

ALY, entrant.

Colonel?

MONTÉCLAIN.

Tu vas aller au château dire que ce soir, j'ai
l'honneur de recevoir Mme de Beauval, et...
(Les portes du fond s'ouvrent, Léona paraît avec
toute la société.)

GEORGES et MONTÉCLAIN.

Léona!

LÉONA, s'avançant et désignant Georges.

Le voilà, mesdames... C'est lui!

GEORGES, à part.

Que va-t-elle dire?

MONTÉCLAIN, à part.

Je suis battu.

LÉONA.

Pardon, mesdames, pardon, messieurs, j'avais
hâte de vous faire partager la joie que j'éprouve
de pouvoir me présenter à vous sous mon véritable nom... oubliez Mme de Beauval, et veuillez
rester les amis de la vicomtesse d'Estève.

TOUS.

Madame d'Estève!

GEORGES.

Ah! l'infâme!

MONTÉCLAIN, bas.

Georges.

ALY, à part.

Sa femme! Je comprends qu'il ne soit pas gai
du tout.

MONTÉCLAIN, affectant la gaîté, à Léona.

Et notre rendez-vous de ce soir?

LÉONA.

Si vous y invitiez le général, je lui parlerai
pour vous.

GEORGES, à part.

Oh! malheur, malheur sur elle!...

MONTÉCLAIN, bas.

Silence! pensez à Louise.

(La société entoure et complimente Léona; Montéclain retient Georges. — Le rideau baisse.)

DEUXIÈME TABLEAU.

Le théâtre représente l'intérieur de la ferme de Kérouan, avec un grand bahut à côté, à droite, porte au fond.
— A gauche de cette porte, une petite fenêtre donnant sur la campagne. — A droite, au troisième plan, quelques marches, protégées par une rampe, mènent à la chambre de Kérouan. — Au haut de cet escalier, près
de la porte, est suspendue une hache de bûcheron. — A gauche au deuxième plan, une vaste cheminée au man-
teau de laquelle sont attachées diverses armes. — Au premier plan, contre le mur sont deux épées en croix,
surmontées d'une branche de buis; plus haut, du même côté, la porte de la chambre de Louise. — A l'avant-
scène, à gauche, une grande cheminée.

SCÈNE I.

LOUISE, PERRINE, PAYSANS, PAYSANNES,
puis KÉROUAN.

PERRINE.

Pourquoi donc que le maître nous a tous fait
revenir des champs comme ça?...

LOUISE.

Il va vous le dire, sans doute...

PERRINE.

Ce n'est pas encore l'heure, et puis il a l'air

tout fâché... nous n'avons pourtant rien fait de
mal?

LOUISE.

Attendez... (A part.) J'attends bien, moi!...

PERRINE.

Mamselle, je ne sais pas ce qui se passe, mais
vous avez eu pitié des malheureux... Eh! ben
donc, s'il vous était arrivé malheur à vous et à
votre père... je ne sais pas, moi... ça serait égal...
nous travaillerions tout de même... n'est-ce pas
vous autres?...

LES PAYSANS.

Certainement...

PERRINE.

On nous paierait plus tard...

KÉROUAN a descendu le petit escalier, il s'approche
et jette un sac d'argent sur la table.

Comptez cet argent, Louise...

LOUISE.

Moi ?... moi ?...

KÉROUAN.

Oui, vous... il faut au moins garder ce qui nous
reste d'honneur... (Louise se met à compter.) Madeline n'est pas revenue ?

PERRINE.

Non, monsieur... elle n'a peut-être pas trouvé
votre fils...

KÉROUAN.

Elle le trouvera. (Il s'assied.) Venez çà, vous
autres... je n'ai pas à me plaindre de vous ; vous
avez bravement et honnêtement gagné votre pain
chez moi... ce n'est pas comme ça pour tout le
monde ; mais enfin... Dieu fait les choses comme
il veut... Aussi, je vous le dis, tant qu'il y aurait
eu une miche à la maison, il y en aurait eu pour
les bons sujets ; mais... personne n'est maître de
sa volonté... il faut que je quitte la ferme, mes
enfans...

PERRINE.

Vous ?...

TOUS.

Vous, père Kérouan ?...

PERRINE.

Ça n'est pas possible...

LOUISE, à part.

Que veut-il faire, mon Dieu ?...

KÉROUAN.

Je l'aurai quittée ce soir...

PERRINE.

Mais pourquoi ?... monsieur Kérouan, pourquoi ?...

KÉROUAN.

Vous le saurez demain... peut-être aujour-
d'hui... peut-être dans une heure. — C'est pour
cela qu'il faut nous dépêcher... Dites ce qui vous
est dû, on va vous payer.

TOUS.

Mais, monsieur Kérouan...

KÉROUAN.

Louise va vous faire vos comptes.

LOUISE.

Mais, mon père...

KÉROUAN.

Vous savez bien que je ne sais ni lire ni
écrire... et vous n'avez pas d'intérêt à les tromper ceux-là...

(Il va au fond, s'assied sur l'escalier la tête dans ses
mains.)

LOUISE.

Tene, François, est-ce là votre compte et celui
des laboureurs ?...

FRANÇOIS.

Est-ce que j'ai besoin d'y voir !...

LOUISE, à un autre.

Tenez... (A Perrine.) Tiens, Perrine, voilà le
tien et celui d s servantes.

PERRINE.

Ah ! mamselle... mamselle... nous aurions travaillé pour rien ; dites-le donc à votre père...

LOUISE.

Va, ma fille, Dieu te récompensera...

KÉROUAN.

Eh bien ! est-ce fait ?...

LOUISE.

Oui, mon père...

KÉROUAN, regardant une pile d'écus...

Qu'est-ce que c'est encore que ça ?...

LOUISE.

Ce sont les gages de Pornic...

KÉROUAN.

Eh bien ! où est-il le gars ?...

LOUISE.

Il n'aura pas osé venir, le misérable !

KÉROUAN, prenant l'argent.

S'il n'y avait pas de misérables pour faire le
mal, il n'y en aurait pas pour le dire... (A Perrine.) Tu donneras ça à Pornic, ma fille ; c'était
un rude ouvrier...

PERRINE.

C'est un méchant gars... une e serpent...

KÉROUAN.

C'est une affaire entre Dieu et lui... il ne m'a
jamais trompé, moi... Allez, mes enfans... restez
laborieux et honnêtes... Une bonne conscience,
ça tient le cœur sain... même quand le mal
tombe sur vous.

TOUS.

Adieu, mamselle... Adieu, père Kérouan...

KÉROUAN.

Adieu... et oubliez le nom de Kérouan, si vous
pouvez...

(Il les accompagne jusqu'au fond et ferme la porte.)

SCÈNE II.

LOUISE, KÉROUAN.

(Kérouan redescend lentement, prend un siége, et
va s'asseoir au milieu de la scène. — Louise s'approche de son côté lentement, et se met à genoux.)

LOUISE.

Mon père !... mon père !...

KÉROUAN.

Asseyez-vous, ma fille...

LOUISE.

Grâce !... pitié !...

KÉROUAN.

Asseyez-vous... je vous en prie...

LOUISE.

Ah! laissez-moi à vos genoux prier et pleurer.

KÉROUAN, se levant.

J'attendrai, Louise...

LOUISE.

Mon père!... mon père!...

KÉROUAN, lui approche une chaise.

Je vous ai priée de vous asseoir... nous avons à causer d'affaires...

LOUISE, s'asseyant.

J'obéis, mon père... j'obéis...

KÉROUAN, de même.

Louise... j'ai tâché toute ma vie d'être un honnête homme, et quoiqu'un pauvre paysan comme moi soit bien peu de chose dans le monde, quoiqu'il soit mal de se vanter, je peux dire que je n'ai jamais fait de tort à personne.

LOUISE.

Ah! vous avez été l'exemple de l'honneur, de la probité.

KÉROUAN.

Vous parlez mieux que moi, Louise; vous avez été mieux instruite que moi, je le sais... mais laissez-moi dire les choses comme je les entends... Je vous disais donc que je n'ai fait de tort à personne... et je ne veux pas commencer aujourd'hui... je ne veux pas commencer par mes enfans.

LOUISE.

Oh! que Dieu vous bénisse pour cette sainte bonté!...

KÉROUAN.

J'avais vingt-cinq ans quand j'épousai votre mère, Louise...

LOUISE.

Ma mère!...

KÉROUAN.

C'était après la première Vendée. J'étais pauvre; mais comme je m'étais battu jusqu'au bout pour la bonne cause, votre mère, qui en était, me prit en amitié... et son père, à elle, pensa qu'un peu d'honnêteté valait bien quelques écus... et il me donna sa fille.

LOUISE.

Ma pauvre mère!... si fière de vous!...

KÉROUAN.

C'est vous dire, Louise, que tout le bien qui est dans la maison vient d'elle.

LOUISE.

Le bien qui est dans la maison, mon père?... Mon père... mais de quoi me parlez-vous donc?...

KÉROUAN.

Je vous parle de ce qui vous appartient...

LOUISE, faisant un mouvement pour se lever.

De ce qui m'appartient, à moi!... mais pourquoi m'en parlez-vous?...

KÉROUAN.

Restez donc à votre place... Je n'ai pas la tête bien forte pour les comptes, vous le savez... et il ne faut pas que je me trompe.

LOUISE.

Ah! maudissez-moi!... accablez-moi plutôt... mais ne me parlez pas ainsi.

KÉROUAN.

Il ne faut pas songer qu'à soi, Louise... Vous avez fait à votre volonté; vous voyez que je ne vous dis rien... mais chacun a son idée. Je ne vous demande pas grand'chose... quelques minutes de patience.

LOUISE.

Parlez donc, mon père... parlez...

KÉROUAN.

J'avais eu six mille francs de la dot de Marianne; c'est avec ça que j'ai pris la ferme où nous sommes. Le vieux M. de Montéclain, qui m'aimait parce que nous avions bien souvent, pendant la guerre, pâti ensemble de la faim et de la soif, M. de Montéclain me la donna à bon compte; si bien que je pus élever les huit enfans qui me naquirent de ma pauvre Marianne... Vous étiez trop petite pour comprendre ça, Louise; mais il y eut un temps où, quand je m'asseyais à cette table avec ma femme... nous nous regardions avec bonheur... en voyant autour de nous sept beaux garçons... et vous, qui étiez venue la dernière... et qu'elle aimait comme la dernière bénédiction de Dieu sur notre mariage.

LOUISE.

Oh! ma mère!... ma mère!...

KÉROUAN.

Ce n'était pas le temps de la richesse, car il fallait travailler rude pour nourrir tout ça... mais c'était celui du bonheur... car ils étaient tous bien venans et bien portans... Dieu n'a pas voulu que ça durât long-temps... Votre grand-père mourut alors et nous recueillîmes son bien. Mais le jour où la fortune entra par une porte, la joie s'en alla par l'autre. La maladie se mit dans la maison... et, en moins de deux ans... j'accompagnai six de mes gars au cimetière du village... Ce fut un rude coup... qui m'abattit comme un enfant, et qui tua votre mère... il y a de ça dix-sept ans.

LOUISE.

O ma mère! pourquoi ne suis-je pas morte aussi?

KÉROUAN.

Vous ne devez pas beaucoup vous en souvenir... mais, moi, je me le rappelle bien. Le pauvre petit Christophe marchait à côté de moi derrière la bière. Il faisait froid et il pleuvait à verse... Je t'avais prise dans mes bras; et, comme tu me voyais pleurer, tu m'embrassais sur les yeux, comme pour me consoler.

LOUISE, étendant les bras vers lui.

Assez, mon père... assez!...

KÉROUAN.

Ce n'est pas pour rien dire contre vous que je vous conte tout ça... c'est pour que vous sachiez quand c'est arrivé, et que vous soyez bien sûre que je ne veux pas vous frustrer...

LOUISE.

Ah! quand le général a voulu tuer Lucile, il a eu pitié d'elle...

KÉROUAN.

Un peu de patience, j'ai bientôt fini... La maladie et la mort, ça coûte cher... si bien que lorsque votre mère mourut, je m'étais endetté sur le bien qu'elle vous laissait. Pourtant, avec de l'ordre et du courage, je payai tout , et j'espérais pouvoir faire des économies... lorsqu'un autre malheur arriva... Le feu prit à la ferme aux Genêts, qui était votre bien.. et n'en laissa que la pauvre masure... où est... Vous la connaissez...

LOUISE.

Mais où voulez-vous donc en venir?

KÉROUAN.

Il fallut bâtir ailleurs... ça fit des dépenses... et puis... j'ai peut-être été un peu vite... j'ai voulu que vous fussiez élevée comme une demoiselle... J'ai cru bien faire.. ça a coûté aussi... si bien que sur le revenu de votre bien, je n'ai pu faire que six mille francs d'économies : vous les trouverez sur la table de votre chambre... Il y a à côté des papiers de propriété... vérifiez tout ça... si ce n'est pas votre compte, je prierai votre frère de m'en prêter sur sa part, pour que nous soyons quittes.

LOUISE, se levant.

Mon père, le Seigneur a laissé aux plus coupables le droit de le prier, et l'assassin qui va au supplice a près de lui un prêtre qui lui parle de pardon. Je comprends qu'il n'y a plus que Dieu à qui je puisse crier grâce; je vous ai écouté, et je vous demande maintenant quelle est ma condamnation?...

(A la fin de cette réplique, Louise se met à genoux devant son père.)

KÉROUAN.

Je ne suis pas un juge pour condamner ou pour absoudre... je suis un débiteur qui a honnêtement acquitté sa dette... et qui demande qu'on en fasse autant envers lui.

LOUISE.

Et que puis-je vous devoir que je puisse vous payer jamais?

KÉROUAN , se levant.

Vous me devez la part de mon bien que je vous avais confié... vous me devez compte de mon honneur, qui était mon seul bien!... et à mon tour, je vous écoute.

LOUISE.

Ah! mon père!... mon père!..

KÉROUAN.

Qu'en avez vous fait? répondez.

LOUISE.

Ah ! cet honneur, mon plus bel héritage, je l'ai flétri, je l'ai perdu !...

KÉROUAN.

Vous parlez du vôtre, mais il y a le mien... Le vôtre, vous l'avez jeté à la boue du chemin, et votre part est faite : vous êtes une fille perdue, c'est votre condamnation et votre supplice... mais moi, je ne veux pas être le père à qui on prend son honneur et qui se tait : ce serait là mon infamie à moi... et je n'en veux pas!...

LOUISE, se levant terrifiée.

Que voulez-vous donc ! mon Dieu!

KÉROUAN.

Celui qui vous a séduite s'est-il imaginé que je ne lui demanderais pas ce qu'il m'a volé? Avez-vous pu croire, vous, qu'en vous laissant dans votre fange, j'y resterais avec vous!... Oh ! non, grâce à Dieu, il ne s'est donné à personne de faire un infâme d'un honnête homme, pas plus à vous, qui vivrez dans le mépris, qu'à celui qui vous y a condamnée... Son nom?...

LOUISE.

Pour le tuer, n'est-ce pas?...

KÉROUAN.

Je ne vous demande pas ce que vous ferez de notre bien; je vous ai tout rendu... et vous me devez son nom...

LOUISE.

Mon père, le jour où j'ai été assez abandonnée de Dieu pour donner ma vie à celui que j'aimais, je lui ai juré d'attendre dans le silence l'heure où il me relèverait de ma faute... C'est un crime ajouté à un autre sans doute... mais je n'irai pas plus loin dans cette voie en mentant à ce que j'ai promis.

KÉROUAN.

Louise... je ne vous méprisais pas au point de croire que vous aimiez un lâche.

LOUISE.

Dieu le jugera à son tour, mais moi j'ai juré.

KÉROUAN.

Louise, il faut du sang à mon honneur... il me faut la vie de cet homme.

LOUISE.

Mon père... je suis maîtresse de la mienne, et je vous la livre.

KÉROUAN.

Louise, vous aviez eu une bonne pensée en mourant, c'était de m'épargner un crime, vous voulez donc m'y condamner?...

LOUISE.

Tuez-moi donc, mon père, tuez-moi!... car je ne vous dirai pas son nom...

KÉROUAN.

Louise!... je ne veux pas vous tuer... je veux que vous parliez.

LOUISE.

J'ai juré!

KÉROUAN.

Louise, il y a une chose que vous ne savez peut-être pas encore... c'est qu'on aime mieux son enfant que son père.

LOUISE.

Que voulez-vous dire ?...

KÉROUAN, marchant vers la chambre de Louise.

C'est qu'on peut faire mourir son père de honte et de désespoir et qu'on ne peut pas voir souffrir l'innocente créature *faite de ses entrailles.*

LOUISE.

Mais où allez-vous donc ? mon Dieu !...

KÉROUAN, devant une porte.

Si tu ne me dis pas le nom que je te demande, ce n'est pas toi que je tuerai, Louise !... ton enfant est là !...

LOUISE, s'élançant vers son père.

Mon enfant... mon enfant !...

KÉROUAN.

Arrière !

LOUISE, s'attachant à son père.

Au secours !... au secours !

KÉROUAN, la repoussant.

Je les ai tous renvoyés.

LOUISE.

Pitié... A moi !... à moi !

KÉROUAN, même jeu.

Le nom de cet homme ?

LOUISE.

Je vous le dirai... Mais me forcer à me parjurer, le couteau levé sur mon fils, c'est mal, mon père !

KÉROUAN.

Le nom de cet homme ?

LOUISE.

Je vous le dirai... Mais cet infâme aussi ce que vous faites là !

KÉROUAN.

Le nom de cet homme ?

LOUISE.

Je vous le dirai... Mais assassiner un pauvre enfant, quand on peut tuer la mère... c'est lâche !

KÉROUAN.

Le nom de cet homme ?

LOUISE.

Ah ! Dieu ! je ne puis plus... Eh ! bien, mon père, c'est...

SCÈNE III.

GEORGES, KÉROUAN, LOUISE, LUCILE.

GEORGES, entrant rapidement suivi de Lucile.

Qu'y a-t-il ?... Pourquoi ces cris ?

LOUISE.

Georges... Georges... Il veut tuer mon enfant !

GEORGES, s'élançant devant la porte de la chambre de Louise.

Vous me tuerez donc avant lui !

KÉROUAN.

Que dis-tu ?

LOUISE, courant près de Georges.

Ah ! nous sommes deux à présent !

KÉROUAN.

Toi, Georges ?... tu la défends... Que viens-tu faire ici ?

GEORGES, mettant un genou à terre.

Puisqu'il vous faut du sang... je viens vous apporter celui du coupable.

LUCILE.

Mon frère !

KÉROUAN, courant à une hache.

Toi... toi, Georges !... Ah ! misérable !...

LUCILE, s'élançant au devant de lui.

Kérouan ! qu'allez-vous faire !...

KÉROUAN, voulant la repousser.

Laisse-moi, enfant !

KÉROUAN, après un long silence.

Tu as raison... tu as raison... — Georges... le fils de mon vieil ami... Georges... lui ! — Et tu le savais, toi, Lucile ?... et tu cachais le crime de ton frère ?... horreur !

LOUISE.

Non, mon père... non !... elle n'a caché que ma faute, elle n'a eu pitié que de votre fille.

KÉROUAN.

Peu m'importe à présent !

(Il va à la cheminée et il en décroche deux épées qu'il pose sur la table.)

LUCILE.

Que va-t-il faire ? mon Dieu !

KÉROUAN.

Voici ma vieille épée de Vendéen, monsieur... et voici celle que me donna votre père quand je le relevai tout sanglant du champ de bataille... laquelle prenez-vous ?...

GEORGES.

Laissez-moi celle de mon père ; je ne la déshonorerai pas.

LOUISE, stupéfaite.

Qu'osez-vous dire, Georges !

KÉROUAN.

Je vais à la saulaye...

GEORGES.

Je vous suis, monsieur !

LOUISE.

Vous... vous !... mais qu'allez-vous donc faire là ?

GEORGES.

Remplir mon dernier devoir... Je vais mourir !

LUCILE.

Mourir !... lorsque tu dois...

LOUISE, éperdue.

Tais-toi, Lucile. — Mon père... vous le connaissez à présent... Il ne vous échappera pas... Eh ! bien, donnez-moi un instant, une minute, pour lui parler.

KÉROUAN.

Je suis patient... j'attendrai... (Il fait un pas pour sortir.) Parlez-lui.

LOUISE.

Non pas seule, mon père !... mais devant vous qui m'avez maudite, devant elle qui a eu pitié de moi... devant Dieu qui nous écoute...

(Kérouan redescend la scène et va à la table sur laquelle il s'appuie et où il pose son épée.)

KÉROUAN.

Soit, dites-lui vos dernières paroles.

LOUISE.

Ecoutez, Georges... et répondez-moi encore une fois comme vous l'avez fait, si vous l'osez... où allez-vous ?...

GEORGES.

Je vous l'ai déjà dit : mourir !

LOUISE, avec désespoir et stupéfaction.

Mourir !

LUCILE.

Mourir, frère !... mais tu ne penses pas...

LOUISE.

Oh ! tais-toi, Lucile; je t'en prie... (A Georges.) Mourir, dis-tu?... Comment... à cette heure, ici, dans cette maison... en voyant un père désespéré, une pauvre fille perdue... et là, là... un enfant qui est le tien et qui n'a pas de nom, il ne t'est pas venu une autre pensée que de mourir !...

GEORGES.

Je ne puis pas plus : la mort est la suprême expiation de tous les crimes.

LOUISE, tombant assise.

Ah! mon Dieu! il me méprise donc bien!

LUCILE.

Ah ! Georges, c'est affreux.

KÉROUAN, à Louise.

Croyez-vous que je me fusse mieux vengé en vous tuant... (A Georges.) Venez-vous, monsieur !

GEORGES.

Je suis à vous !

(Ils marchent vers la porte du fond, Lucile se jette entre eux.)

LUCILE.

Mais ce n'est pas possible !... écoutez-moi, Kérouan... mon père va venir...

GEORGES, avec éclat.

Mon père va venir ! Ah! venez, monsieur, venez... mais que je n'entende pas sa malédiction !... lui-même me dirait de mourir.

LUCILE.

Ah! Georges, tu méconnais notre père !...

KÉROUAN.

Tu mens !... et tu es un lâche !

LOUISE, s'élançant vers son père.

Mon père !... il est fou... il doit être fou...

LUCILE, au fond, regardant par la croisée.

Ah! voici mon père enfin...

GEORGES.

Lui !... (Son épée tombe de ses mains.) Ah! ayez pitié de moi, mon Dieu ! (A Kérouan.) Vous l'avez voulu... eh! bien, interrogez mon père, et vous saurez pourquoi j'ai voulu la mort.

KÉROUAN.

Laisse-moi parler à ton père, enfant... la loi, elle-même, protége les insensés.

SCÈNE IV.

LUCILE, OUISE, LE GÉNÉRAL, KÉROUAN, GEORGES.

LE GÉNÉRAL, à Kérouan, il salue Louise et Lucile d'un signe.)

Je suis venu tard, n'est-ce pas, Kérouan ?

KÉROUAN.

Tu recevais les félicitations de tes amis... tu as bien fait.

LE GÉNÉRAL, lui prenant la main.

La pensée de la douleur me parlait plus haut que ces vains félicitations; mais je sais qu'il faut laisser au désespoir la liberté de ses premiers transports, pour qu'il puisse écouter les conseils de l'amitié; et je savais la promesse que tu avais faite à M. de Montéclain.

KÉROUAN.

Tu vois que je l'ai tenu parole... et je suis prêt à écouter tes conseils. Qu'as-tu à me dire ?...

LE GÉNÉRAL.

Que me disais-tu, toi ?... tu me disais qu'il faut pardonner à la jeunesse, à l'entraînement... à l'amour...

KÉROUAN.

C'est vrai, et tu me repoussais. Mais je suis moins fier que toi, Simon : si celui qui a séduit ma fille voulait lui rendre l'honneur... peut-être lui pardonnerais-je.

LE GÉNÉRAL.

Et qui pourrait l'en empêcher ?

KÉROUAN.

Peut-être porte-t-il un nom qu'il craint de mésallier, en le donnant à la fille d'un pauvre paysan.

LE GÉNÉRAL.

Son nom eût-il dix siècles de noblesse, il l'a mis au dessous du tien.

KÉROUAN.

Peut-être aussi craint-il le ressentiment de sa famille... les malédictions d'un père rigoureux...

LE GÉNÉRAL.

S'il était un père assez infâme pour se refuser à une telle réparation... ce serait alors que la désobéissance deviendrait un droit respectable.

KÉROUAN.

Ce n'est pas sa pensée à lui.

LE GÉNÉRAL.

Tu le connais donc?

KÉROUAN.

Oui.

LE GÉNÉRAL.

Et quel est le lâche qui ose s'armer de pareils obstacles pour ne pas remplir un devoir sacré ?

KÉROUAN.

Un homme qui, sans doute sûr de son adresse,

a pensé qu'avec un duel on est quitte envers l'honneur d'une famille.

LE GÉNÉRAL.

Mais on ne se bat pas avec de tels misérables, on les tue !...

KÉROUAN, se retournant vivement vers Georges.

On les tue !... Ce n'est pas moi qui t'ai condamné, Georges... c'est ton père !

LE GÉNÉRAL.

Georges !... mon fils !... lui ! oh ! malheur... malheur !...

LUCILE, entourant son père de ses bras.

Oui... mon frère qui, épouvanté de votre rigueur, n'osait espérer votre pardon.

LE GÉNÉRAL.

Anathème et malédiction sur lui !.. (A Georges.) Va-t'en, malheureux,.. va-t'en !

KÉROUAN, stupéfait.

Que dit-il ?

LUCILE.

Il a été bien coupable sans doute... mais vous lui pardonnerez, comme Kérouan pardonnera à sa fille... Ils s'uniront.

LE GÉNÉRAL.

Jamais ! jamais !

LOUISE, au général.

Eh quoi ! vous aussi, monsieur, vous me condamnez !

KÉROUAN, avec désespoir.

Eh bien ! Louise, manque-t-il quelque chose à la coupe d'infamie que tu m'as versée?

LOUISE, à elle-même, les yeux égarés.

Ah ! c'est moi qui suis folle sans doute !...

LE GÉNÉRAL.

Va-t'en, Louise... Laisse-nous, Lucile... (A Georges.) Va-t'en, te dis-je ! (Allant à Kérouan.) Kérouan... Kérouan !... il faut que je te parle, à toi... à toi seul !...

KÉROUAN, le repoussant.

A votre tour, parlez haut, monsieur le comte d'Estève !

LE GÉNÉRAL.

Kérouan, écoute-moi !

KÉROUAN.

Quel est le lâche qui peut se refuser à une pareille réparation ? me disiez-vous tout à l'heure. (Montrant Georges.) Le lâche, le voilà !

LE GÉNÉRAL.

Kérouan !... Kérouan !...

KÉROUAN.

Quel est le père assez infâme pour se refuser à une pareille réhabilitation ? disiez-vous tout à l'heure. L'infâme, c'est vous !

LE GÉNÉRAL.

Kérouan ! un mot.

KÉROUAN.

Assez, monsieur, assez ! et dites-moi lequel des deux veut commencer avec moi.

SCÈNE V.

LES MÊMES, ALY, accourant.

ALY.

Mon père !... mon père ! me voilà !

KÉROUAN.

Enfin !... deux contre deux, la partie est égale.

ALY.

Que voulez-vous dire !

KÉROUAN.

Tu ne sais donc pas notre déshonneur !...

ALY.

Je le sais, mon père ; mais ce que je suis venu vous demander, c'est le nom du séducteur...

KÉROUAN.

Le séducteur ? il s'appelle le vicomte Georges d'Estève, entends-tu ?

ALY.

Lui ! lui !

KÉROUAN.

Et comme c'est le fils d'un noble d'hier, qui méprise les nobles d'autrefois... il nous laisse dans notre opprobre, de peur de salir son nom dans notre alliance.

ALY.

Mais il est plus infâme et plus coupable que vous ne croyez, mon père !... Il est marié.

KÉROUAN, LOUISE, LUCILE.

Marié !   (Long silence.)

GEORGES, à Kérouan.

Je vous avais bien dit de me tuer, monsieur.

LOUISE, pâle, chancelante, à moitié folle, allant à Lucile.

Marié !... (Au général.) Marié !... (Elle se trouve devant Georges, et pousse un cri déchirant.) Marié !... Ah !... (A Aly.) Bonne chance, frère !... Adieu ! (Elle s'élance hors scène, par la porte de sa chambre. Kérouan reste immobile.)

LE GÉNÉRAL.

Ah ! Lucile, Lucile, ne la quitte pas... sauve-la encore une fois.

LUCILE, courant à la porte.

Oh ! la porte est fermée...

LE GÉNÉRAL, montrant la sortie du fond.

Eh bien ! par là... par là...

LUCILE, en sortant.

Georges !... Georges !...

LE GÉNÉRAL, à Georges qui s'est élancé vers la porte du fond pour suivre Lucile.

Où allez-vous donc, monsieur ?

GEORGES.

Mourir avec elle, où la sauver !

LE GÉNÉRAL.

Vous n'en avez pas le droit, et vous leur appartenez !...   (Il sort.)

LUCILE, au dehors.

La voilà avec son enfant... Louise ! Louise !

LE GÉNÉRAL, dehors.

Dominique ! au secours ! Dominique !

ALY, regardant son père qui reste immobile.

Mon père !... mon père !...

GEORGES, s'approchant d'Aly, à mi-voix.

Où voulez-vous que je vous attende ?

ALY.

Où vous voudrez.... je vous trouverai bien...
(A Kérouan.) Mon père !...

GEORGES.

Dans deux heures à la saulaye.

ALY.

J'y serai.

GEORGES.

Ah ! Léona ne doit pas être encore chez Montéclain... je la verrai cette fois !

(Il sort rapidement par la porte du fond.)

***

SCÈNE VI.

ALY, KÉROUAN.

ALY.

Mon père !... mon père !...

KÉROUAN, éclatant en larmes et tombant sur la table.

Ah ! mon Dieu, que je souffre !... mon Dieu,
mon Dieu ! que j'ai mal !

ALY, se mettant à genoux aux pieds de son père et
lui baisant les mains.

Mon père !... mon père !...

KÉROUAN.

Ah ! laisse-moi pleurer, toi... le cœur m'étouffe,
la poitrine me crève... Je souffre !... je souffre !..
je souffre !...

ALY.

Oui, pleurez, mon père... pleurez ! c'est à moi à
vous venger.

KÉROUAN.

Tu le tueras ce monstre, n'est-ce pas ?... ce
misérable qui a perdu ma pauvre enfant... qui
était bonne et douce et honnête avant de le connaître.

ALY.

Oui, mon père, je le tuerai, ou Dieu ne sera
pas juste.

KÉROUAN.

Ah ! qu'elle doit souffrir, la malheureuse !...
Qu'est-ce qu'elle a dit ? où l'a-t-on emmenée ? où
est-elle ?...

ALY.

Dieu le sait, mon père... elle s'est enfuie avec
son enfant...

KÉROUAN.

Elle s'est enfuie et tu ne l'as pas arrêtée !...
Mais je ne veux pas qu'elle meure, moi !... je ne
veux pas qu'elle se tue !... je veux lui pardonner...
Viens ! viens !

ALY.

Allons donc, mon père...

KÉROUAN, prenant son épée et la donnant à Aly.

Tiens, pour Georges... quand nous aurons
sauvé ma fille.

(Kérouan entraîne Aly. Le rideau tombe.)

FIN DU QUATRIÈME ACTE.

ACTE CINQUIÈME.

PREMIER TABLEAU.

Le théâtre représente un boudoir. — Au fond, trois portes ouvrant sur un riche salon ; portes latérales. — À droite, une grande table ronde couverte d'un tapis vert et chargée de livres, papiers, encrier, etc.

SCÈNE I.

MONTÉCLAIN, D'AVATIANNE, BRIAS.

D'AVATIANNE, assis près de la table.

Pardon, colonel, mais prenez garde à ce que vous allez faire.

MONTÉCLAIN,

J'en prends la responsabilité tout entière.

D'AVATIANNE.

Vous êtes incapable d'un acte d'iniquité, je le sais ; mais vous êtes militaire, Montéclain ; vous avez pris à l'armée des habitudes de sabre, qui vous persuadent que, du moment qu'une chose est juste, vous avez le droit de la faire, sans vous inquiéter des formes.

BRIAS, riant.

Ah ! je comprends la a a... forme, comme dit Bridoison.

D'AVATIANNE.

Oui, mon cher Brias... la forme ; elle est comme toutes les choses de ce monde, stupide quand on en abuse, excellente quand on s'en sert dans une juste mesure.

BRIAS.

C'est la ressource des coquins en mille occasions...

D'AVATIANNE.

C'est possible ; mais ne fût-elle qu'une seule fois la protection de l'innocence, il faudrait la respecter...

MONTÉCLAIN.

Croyez-vous donc avoir affaire à une femme innocente, malheureuse et persécutée ?...

D'AVATIANNE.

Comme homme du monde, je juge Mme de Beauval et je la méprise ; comme magistrat, je n'ai rien à voir dans sa conduite.

MONTÉCLAIN.

Au diable soient vos distinctions de Palais !... Vous refusez donc de me seconder ?

BRIAS.

Je suis à vous corps et âme, Montéclain ; j'ai été si sottement l'agent des mauvais desseins de Mme de Beauval, que je m'associe avec joie à tout ce qui peut vous aider à la punir.

D'AVATIANNE.

Je m'y associe d'aussi grand cœur que vous, Brias ; mais je dois avertir Montéclain qu'il joue un jeu à se faire destituer...

MONTÉCLAIN.

Et vous aussi sans doute ?...

D'AVATIANNE, se levant.

J'aurais oublié tout ce que je vous dois, si j'y avais pensé...

MONTÉCLAIN.

C'est donc à moi de le faire pour vous... Je vous reprends le rôle que je vous avais destiné, et je courrai seul la chance.

D'AVATIANNE.

Vous m'avez mal compris, Montéclain .. Le premier devoir de l'amitié est de dire à un ami : Voilà le danger où vous marchez ; le second, c'est de l'y suivre coûte que coûte.

MONTÉCLAIN.

Eh bien ! d'Avatianne, j'accepte... Certes, j'ai à cœur le salut de Louise et la punition de Mme de Beauval... mais je ne prétends pas cependant les obtenir par des moyens indignes d'un homme, qu'il porte la robe ou l'uniforme.

BRIAS.

Et moi ?...

MONTÉCLAIN.

Vous êtes mon premier complice .. Mais, dites-moi, ces dames viennent-elles ?...

BRIAS.

Ma mère est au salon... avec M. et Mme de Firmiani, les Francheville, les Basterne...

MONTÉCLAIN.

C'est très bien... Vous savez ce dont nous sommes convenus... allez trouver ces dames, remerciez-les de ma part.

BRIAS.

Je vous préviens qu'il vous faudra faire votre paix avec ma sœur... elle est furieuse de ne pas avoir été invitée.

MONTÉCLAIN.

Je ne suis pas assez sûr de ce qui va se passer et se dire ici, pour en rendre témoin une jeune fille. Mais l'heure approche... allez, et n'oubliez pas le notaire... vous l'avez bien stylé ?...

BRIAS.

Une machine à vapeur écrivante et grossoyante ne sera ni plus impassible, ni plus silencieuse... Je vais le chercher.   (Il sort.)

MONTÉCLAIN.

Très bien... (A d'Avatianne.) Et le livre sacramentel ?

D'AVATIANNE.

Le voici.

MONTÉCLAIN.

Veuillez mettre le signet à la page où est écrite la seule espérance qui nous reste... (Allant à une porte de côté.) Silence... une voiture dans la grande avenue !... C'est Mme de Beauval.

D'AVATIANNE.

Ou un autre de vos invités...

MONTÉCLAIN.

Non... tout le monde est arrivé par le parc.

D'AVATIANNE.

Et Georges d'Estève ?...

MONTÉCLAIN.

Oh ! il est venu, mais je l'ai mis sous clé ; je réponds de lui, et du diable s'il peut s'échapper. Je le donne au plus vigoureux et au plus adroit... Des murs tout nus et une lucarne grillée, à dix pieds du sol...

D'AVATIANNE.

Ce n'est donc pas une plaisanterie que ces prisons terribles que renferment les vieux châteaux de la Bretagne ?

MONTÉCLAIN.

Ni les prisons... ni les moyens épouvantables de supplice. (Il pousse un bouton caché dans l'une des moulures de la porte du fond ; une trappe s'ouvre.) Regardez...

D'AVATIANNE.

Des oubliettes !

(D'Avatianne se penche sur le bord du trou. Montéclain l'arrête.)

Eh ! doucement... ce serait un voyage dangereux... (La trappe se referme.) Vous voyez qu'il ne manquerait rien à notre exécution.

UN DOMESTIQUE, entrant, à voix basse, et rapidement à Montéclain.

Madame de Beauval !...

MONTÉCLAIN, très vivement, à d'Avatianne.

A votre poste !... et prévenez Brias et le notaire.

(D'Avatianne se retire par la porte du milieu, au fond.)

<hr>

SCÈNE II.

MONTÉCLAIN, LÉONA ; puis BRIAS, D'AVATIANNE, LE NOTAIRE.

LÉONA, entrant par une porte dérobée.

Mon Dieu ! que de mystères pour pénétrer dans le château d'un lion parisien !... Bonjour, Montéclain... dites-moi, mon mari est-il arrivé ?...

MONTÉCLAIN.

Pas encore.

LÉONA.

Tant mieux... je pourrai rire un peu.

MONTÉCLAIN.

Eh ! de quoi donc ?...

LÉONA.

Eh ! mon Dieu, de la figure de Georges lorsque je l'ai présenté à mes invités... et puis de sa fugue quand j'ai voulu recevoir ses remercîmens...

MONTÉCLAIN.

En effet, le coup de théâtre a été superbe et

inattendu... et vous verrez que je m'en suis souvenu.

LÉONA.

J'aurais donné quelque chose pour voir la mine du général en pareille occasion... et celle de ma rivale... qui comptait bien devenir comtesse d'Estève... cela a dû être fort amusant !

MONTÉCLAIN.

Au fait, Léona, c'est très plaisant !... cette fille déshonorée, ce père désolé...

LÉONA.

Ah ! ma foi, ça les regarde...

MONTÉCLAIN.

Ce frère qui compte bien punir votre mari...

LÉONA.

Est-ce qu'on se bat avec ça ?

MONTÉCLAIN.

Quand on ne se bat pas avec ça, ça vous tue... et à moins qu'il ne vous convienne d'être veuve...

LÉONA.

Je n'ai pas assez usé des charmes de mon mariage pour en être là.

MONTÉCLAIN.

C'est pour cela que, moi et mes amis, nous voulons vous épargner cette infortune ; car il est temps que vous sachiez que nous ne sommes ensemble ici que pour décider de votre position vis-à-vis de la famille d'Estève...

LÉONA.

Ma position n'a rien d'équivoque, je suppose...

MONTÉCLAIN.

Sans doute, mais le général ne l'accepte pas comme il vous convient de la faire, et il a chargé quelques amis communs de prendre avec vous des arrangemens.

LÉONA.

Une séparation ?... encore !...

MONTÉCLAIN.

Vous allez le savoir.

(Il frappe dans ses mains ; ses trois amis paraissent, un à chaque coup, ainsi : Brias le premier, par la porte latérale à droite ; le notaire le second, par la porte latérale à gauche ; et enfin, d'Avatianne le troisième par la porte du milieu.)

LÉONA.

Qu'est-ce cela ?

MONTÉCLAIN.

M. de Brias, que vous connaissez... (Présentant d'Avatianne.) M. de Marsay que je vous présente... (Présentant le notaire.) M. de Rastignac, tous deux mes amis... Veuillez prendre place !.

(Les trois hommes prennent place autour de la table ; Montéclain offre un fauteuil à Léona près de la table, et s'assied un moment après, de l'autre côté.)

LÉONA.

Pardon... mais je n'ai pas l'honneur de connaître vos amis... quoiqu'il me semble que je me rappelle leurs noms ; et je ne vois pas ici M. d'Estève... qui ne devrait être le premier témoin de cet entretien.

MONTÉCLAIN.

Sa présence eût été un obstacle à la liberté de la discussion : il ne voulait consentir à aucun arrangement, et il ne viendra pas... Vous savez, madame, qu'en certaines affaires des tiers sont plus calmes, plus concilians...

LÉONA.

Comme il vous plaira... je suis prête à vous entendre...

MONTÉCLAIN, après un silence.

Dites-moi, ma chère Léona, avez-vous lu M. de Balzac ?

LÉONA, étonnée.

M. de Balzac ?... à quoi bon cette question ?...

MONTÉCLAIN.

Vous savez que chacun a sa façon d'arriver au but. Veuillez donc me répondre... Avez-vous lu M. de Balzac ?...

LÉONA.

Je ne serais pas femme, si je ne savais par cœur tous ses délicieux ouvrages.

MONTÉCLAIN.

En ce cas, vous devez vous rappeler parfaitement l'Histoire des Treize ?...

LÉONA.

Cette association imaginaire de quelques hommes qui se sont donné la mission de venger la société par des moyens effroyables ?... Oui, vraiment ; cela m'a fort intéressée...

MONTÉCLAIN.

Vous devez donc être charmée de vous trouver en présence de ses adeptes les plus connus... M. de Marsay et M. de Rastignac... et deux nouveaux néophytes à qui l'illustre romancier n'a pas encore donné la même célébrité... M. de Brias et moi.

LÉONA, lorgnant d'Avatianne et le notaire.

Vraiment !... Je vous avertis qu'il vous sera difficile de me faire prendre ces messieurs pour des héros de roman.

MONTÉCLAIN.

Cela se conçoit... le roman étant une histoire... réelle.

LÉONA.

Je vous préviens encore, Montéclain, que je ne trouve pas l'invention spirituelle.

MONTÉCLAIN.

Je respecte la liberté des jugemens...

LÉONA.

Et que, dans tous les cas, prétendre effrayer une femme, alors même qu'on ne réussit pas, est une tentative de mauvais goût.

MONTÉCLAIN.

Permettez-moi de vous exposer, à ce sujet, une petite théorie ; vous pouvez être convaincue que ces messieurs en partagent tous les principes.

LÉONA.

Dites... Cela vous essaiera pour la tribune... quand vous y arriverez...

MONTÉCLAIN.

Certes, ma chère comtesse, personne plus que ces messieurs et moi ne croit au respect que l'homme doit à la femme ; dans notre société, où toutes les carrières et toutes les ambitions nous appartiennent, où la loi donne à l'homme la direction des affaires les plus sérieuses, où sa volonté, comme père ou comme mari, est presque toujours la règle absolue à laquelle il faut que les femmes se soumettent, je trouve qu'il est noble et bon que nos mœurs tempèrent cette autorité arbitraire, et je ne sache rien de plus respectable et de plus charmant que cette protection universelle que la femme trouve dans sa faiblesse même.

LÉONA.

Vous parlez fort bien, Montéclain, et vous aurez du succès...

MONTÉCLAIN.

Mais lorsqu'il arrive que la femme, au lieu d'être humble, timide et soumise, qu'il serait odieux de tyranniser, est un être froid, méchant, égoïste ; lorsque la duplicité a été sa vie usuelle, lorsque le vol et le mensonge ont été pour elle un moyen de fortune, lorsqu'elle a joué avec l'honneur des familles, lorsque, par ses calomnies et ses intrigues, elle a semé autour d'elle le meurtre et le suicide... j'avoue que la galanterie qui m'obligerait à traiter cette femme avec le plus profond respect, me paraîtrait une dérision et une déplorable faiblesse.

LÉONA, se levant, et s'éloignant de la table.

Monsieur de Montéclain, vous m'avez prise à un piége odieux, et vous avez beau jeu pour m'insulter !...

MONTÉCLAIN.

Vous pensez donc que c'est de vous que je voulais parler ?

LÉONA.

Vous êtes un lâche, Montéclain !... et vous n'oseriez parler ainsi à un homme...

MONTÉCLAIN.

Vous avez raison ; s'il s'agissait d'un homme qui eût fait tout cela, je l'enverrais devant un tribunal... et je doute que les juges y missent plus de politesse que moi...

LÉONA.

Montéclain !.. Montéclain !...

MONTÉCLAIN.

Vous ne riez plus, Léona ? Vous ne trouvez plus l'aventure si plaisante ?... Vous voyez que chacun a son tour...

LÉONA, se maîtrisant et se rapprochant de la table.

Mais que voulez-vous donc de moi, messieurs ? car je commence à croire que l'invention du romancier deviendra une réalité... Je commence à croire que je suis tombée dans les mains d'assassins...

MONTÉCLAIN, se levant à son tour.

Préférez-vous que je vous remette dans celles de messieurs les gendarmes ?... ce sont les protecteurs nés de l'innocence...

LÉONA.

Mais encore une fois, que voulez-vous ?...

MONTÉCLAIN.

Vous demander un conseil...

LÉONA.

Et finirez-vous, monsieur ?...

MONTÉCLAIN, lui montrant le fauteuil où elle était assise.

Asseyez-vous donc. (Léona se rassied.) Vous ne voulez pas croire que vous êtes ici entre les mains des héros de M. de Balzac ?... mais admettez un moment que cela soit vrai, rien que pour suivre mon raisonnement. Supposez que nous soyons ce tribunal secret, terrible, implacable, qui distribue dans l'ombre une justice inaperçue... qui frappe les coupables par des voies inconnues, comme la Providence ; supposez, non seulement que l'honneur nous enchaîne les uns aux autres, mais encore que la complicité nous lie ; supposez que nous soyons dans un château perdu... comme le mien, et admettez que, complétement dépouillés de cet esprit chevaleresque qui permet à la femme tous les crimes à l'abri de sa faiblesse, nous ouvrions sous vos pas un abîme... comme celui-ci... (Il ouvre la trappe ; Léona fait un mouvement de terreur.) Léona... Mme de Beauval... Mme d'Estève, si vous voulez, disparaît à tout jamais... Georges est veuf ; il répare sa faute... et personne n'est puni que la coupable... que penseriez-vous de cette justice ?

LÉONA.

Qu'elle serait un crime... car la mort est le châtiment des meurtriers seulement...

MONTÉCLAIN, referme la trappe.

Aussi, ne vous ai-je montré ce danger, que pour mieux vous faire comprendre la conclusion de mon raisonnement... c'est que tout pourrait s'arranger, si Georges était libre...

LÉONA, à part.

Ah ! je comprends enfin... (Haut.) Je suis désolée de ne pouvoir lui rendre cette liberté... mais le divorce est aboli...

MONTÉCLAIN.

Vous ne savez peut-être pas exactement la loi... (Donnant à Léona le code ouvert.) Voulez-vous prendre la peine de lire ce passage ?... là... là... article 180. (Il va reprendre sa place.)

LÉONA, lisant d'une voix qui s'affaiblit peu à peu.

« Le mariage qui a été contracté sans le con-
» sentement libre des époux, ou de l'un d'eux, ne
» peut être attaqué que par les époux, ou par ce-
» lui des deux dont le consentement n'a pas été
» libre. » — M. Georges d'Estève prétendrait-il dire qu'il n'a pas été libre, et vous a-t-il chargé de me dire qu'il demanderait la nullité de notre mariage ? C'est pitoyable !

MONTÉCLAIN.

Pardon... passez donc au second paragraphe.

LÉONA, lisant.

« Lorsqu'il y a eu erreur dans la personne...
» le mariage peut être déclaré nul. »

MONTÉCLAIN.

Ce qui veut dire que le mariage fait avec une autre personne que celle qu'on croyait épouser est nul.

LÉONA, à part.

Ah ! c'est donc là qu'ils en veulent venir !...

MONTÉCLAIN.

Eh ! bien, madame... ne voyez-vous rien là qui puisse nous venir en aide ?... et ne voulez-vous pas nous empêcher d'arriver à de tristes extrémités ?...

LÉONA.

En vérité, je ne vous comprends plus...

MONTÉCLAIN.

Eh bien, moi... je vais tâcher de vous faire comprendre. Tout à l'heure, à l'aspect de cet abîme, vous avez dit que la mort était le supplice des meurtriers ; et c'est justice Ecoutez donc, madame, écoutez, messieurs, et n'oubliez pas dans quel but nous sommes ici, quel serment nous lie... et qu'il faut que Georges d'Estève soit libre. Vous saurez que Mme de Beauval est née à Pondichéry, de M. et Mme de Marsan, parens de M. le duc d'Hérici... (A Léona). Si je me trompe, vous rectifierez mes erreurs...

LÉONA, d'une voix troublée.

Continuez, monsieur...

MONTÉCLAIN.

A douze ans elle était orpheline... et à quinze ans elle était veuve de M. de Beauval. Se trouvant sans famille et presque sans fortune, elle se décida à quitter les Indes pour venir en France près du duc d'Hérici. Elle partit donc en compagnie d'une certaine Isabelle Pommier, qui avait été élevée avec elle, et qui, par conséquent, avait été initiée aux mystères les plus intimes de la famille... Me trompé-je ?

LÉONA.

Qu'importent tous ces détails !

MONTÉCLAIN.

A prouver à ces messieurs que je suis parfaitement instruit, et qu'ils pourront juger et condamner sans crainte.

LÉONA.

Condamner... dites-vous !...

MONTÉCLAIN.

Pendant la traversée, il paraît que Mme de Beauval tomba dangereusement malade...

LÉONA.

Vous vous trompez ; jamais je ne me suis mieux portée.

MONTÉCLAIN.

Je suis ravi de l'apprendre... Ce fut donc Isabelle Pommier qui fut malade, à ce qu'il paraît; car il est certain que l'une des deux femmes qui voyageaient sur l'*Atalante* était près d'expirer au moment où le navire fit naufrage... en vue du Cap. Le navire périt corps et biens... à l'exception de deux jeunes femmes qu'un pilote parvint à sauver, et à ramener dans sa maison. Ce bon Hollandais, qui ne comprenait pas un mot de français, prit, à ce qu'il paraît, la servante pour la maîtresse... il donna la plus belle chambre à Isabelle Pommier qui continuait à se mourir.... et il installa assez rudement Mme de Beauval près d'elle pour la soigner et la veiller...

LÉONA.

Eh bien?

MONTÉCLAIN.

Eh bien! ce que vous ne croiriez jamais, c'est qu'Isabelle Pommier, qui se mourait, eut la force de se lever dans la nuit, et d'empoisonner Mme de Beauval qui se portait à ravir!

LÉONA.

Vous mentez, Montéclain! Mme de Beauval est morte de sa maladie.

TOUS, se levant ainsi que Léona.

Enfin!...

LÉONA.

Ah!... malheureuse!...

MONTÉCLAIN.

Mme de Beauval est morte..., nous ne voulions pas savoir autre chose....

LÉONA, à part.

Je suis perdue!...

MONTÉCLAIN.

Je n'ai pas besoin de vous dire comment Isabelle Pommier s'empara alors des papiers et du nom de sa maîtresse; comment elle se présenta chez le duc d'Héric; comment elle se fit chasser pour un vol de diamans; comment elle mena, depuis, cette existence aventureuse, qu'elle couronna par un mariage nul... de toute nullité!... entendez-vous, Isabelle Pommier?

LÉONA, à part.

Ah!... le misérable!

MONTÉCLAIN.

Et, comme aucun de nous ne veut y mettre de violence, nous attendons de votre justice de vouloir bien reconnaître votre identité... sinon, je serai obligé de vous rappeler qu'il faut que Georges soit libre.   (Il lui présente un papier.)

LÉONA, après avoir signé le papier.

Messieurs, j'ai été attirée dans un piége infâme... Je signe ce qu'il vous plaît de me faire signer... mais je suis plus franche que vous: je vous préviens que je déclarerai avoir signé sous une menace de mort...

MONTÉCLAIN.

Vous nous mesurez à votre taille, Isabelle Pommier... des menaces contre une femme?... des violences contre un être inoffensif?... allons donc!... Tenez, voici cette déclaration... (Il la déchire.) Vous êtes libre... vous pouvez sortir de ce château... et pour que vous soyez bien sûre de ne pas avoir passé cette soirée en compagnie d'assassins.... permettez-moi de vous présenter M. Longuet, notaire... et M. d'Avalianne, procureur du roi... Ouvrez les portes!...

(Des domestiques paraissent; les portes du fond s'ouvrent, et l'on voit un salon brillamment éclairé et rempli d'une société nombreuse parmi laquelle est madame de Brias.)

LÉONA.

Ah! Montéclain... c'est trop de cette humiliation!...

MONTÉCLAIN, d'une voix sévère.

Vous oubliez que vous avez fait chasser Mlle d'Estève!.

LÉONA.

Adieu donc, Montéclain... adieu vous tous!... Vous apprendrez comment une femme comme moi répond à de pareilles lâchetés... (Elle sort.)

Mme DE BRIAS, vivement à Montéclain.

Hâtez-vous donc, maintenant, d'aller consoler le vieux Kérouan et sa fille.

(On entend au loin des cris, un bruit confus, et le son du beffroi.)

SCÈNE III.

LES MÊMES, MADELINE.

MADELINE, accourant.

Mon parrain!... mon parrain!...

MONTÉCLAIN.

Qu'y a-t-il? Encore quelque malheur?...

MADELINE.

Mon oncle Kérouan a quitté la ferme... Aly l'a quittée aussi... Mamselle Louise s'est ensauvée avec son enfant!... mais pas moyen de la retrouver... et si elle n'est pas ici...

MONTÉCLAIN.

Elle n'y est pas...

MADELINE.

Elle est perdue, noyée... c'est sûr!...

MONTÉCLAIN.

Grand Dieu!... Holà!... Pierre... Louis... des flambeaux, des torches... Joignez-vous à moi... messieurs... (A Brias.) Ah! Brias... et Georges... Georges ne l'oubliez pas... Tenez: (Il lui donne une clé.) Venez, messieurs, venez!...

(Toute la société se précipite sur les pas de Montéclain.—Le rideau tombe.)

Le théâtre représente une clairière tout entourée de fourrés presque impénétrables. — Au fond, on voit un lac à travers une bordure de saules. — La masure appelée *la Closerie des Genêts* est à droite, au second plan. A gauche, quelques rochers moussus pouvant servir de siéges. — Devant la closerie, un vieux saule. — A droite, au fond, un pont de bois.

SCÈNE I.

LOUISE, son enfant dans les bras, passe et se glisse de buisson en buisson, jusqu'à un fourré près de la masure ; DES PAYSANS armés de torches traversent la scène ; DES FEMMES courent de côté et d'autre ; PERRINE, MACLOU LE MENDIANT.

PERRINE, apercevant le père Maclou.

Le père Maclou ! (Allant à lui.) Bon Dieu du ciel, père Maclou, où donc peut-elle être ?...

MACLOU.

Ou je n'ai jamais fait la guerre contre les bleus, ou elle a gagné par ici... V'là un bout de son fichu que j'ai décroché à la haie du chemin aux Ormes... et v'là la boucle d'un de ses souliers qu'elle a perdue à la mare Sichon.

PERRINE.

Nous ne la retrouverons pas !... T'nez, v'là les cloches qui ne sonnent plus, et les gars qui étaient accourus du village... s'en vont à tous momens.

MACLOU.

Que nenni, ma fille !... je les ai posés le long du lac... Tant qu'il fera un rayon de soleil, il n'y tombera pas un brin de paille sans qu'ils le voient.

PERRINE.

Et voilà la nuit qui vient... Bon Dieu !... bon Dieu ! qu'est-ce qui la sauvera, alors ?

MACLOU.

Allons, les gars... du courage et battons le buisson un peu dru... (On va à droite et à gauche, puis un cri lointain de chouette se fait entendre.) Chut !... on avertit là-bas... on avertit du côté de la grande butte...

PERRINE.

Qu'est-ce qu'ils disent ?...

MACLOU.

C'est Kérouan qui appelle. (Nouveau cri.) Ou j'ai oublié nos anciens signaux de guerre, ou il dit qu'il a vu quelqu'un du côté de la roche Brune...

PERRINE.

Celle qui s'avance sur le lac et qui domine le gouffre ?... Oh ! Dieu du ciel, si elle tombait là, ce serait fini. Courons, courons !...

MACLOU, l'arrêtant.

Si ce n'était pas Kérouan qui nous donne ce signal, je jurerais qu'elle est par ici... mais c'est notre maître à tous pour découvrir une piste... Allons vite, les gars, prenez par le sentier d'en bas, je vais gagner la roche par le chemin Vert.

(Ils sortent.)

SCÈNE II.

LOUISE, seule, reparaissant son enfant dans les bras.

Il dort... et ils ont enfin perdu ma trace... Les malheureux, pourquoi me poursuivent-ils avec tant d'acharnement ?... Pour me faire vivre... Vivre !... Pourquoi, mon Dieu ? Pour voir mon père mourir de ma honte, car il en mourra... Vivre ! pour voir un jour l'innocente créature née de ma faute partager la malédiction qui pèse sur sa mère ! Oh ! non ! La nuit est presque close... Voyons... Les bords du lac sont toujours gardés avec soin... mais je pourrai traverser la lande qui mène à Montéclain... C'est par là... (On entend un bruit lointain.) Du bruit !... quelqu'un encore !...

(Elle entre précipitamment dans la closerie.)

SCÈNE III.

LOUISE, cachée, LUCILE.

LUCILE, épuisée de fatigue, traversant le pont.

J'avais trop présumé de mes forces... dix fois j'ai été sur le point de l'atteindre... dix fois elle m'a échappé ; son désespoir a été plus fort que mon amitié... Faites que d'autres la sauvent, mon Dieu !... car je ne puis plus...

LOUISE, sortant de la closerie et apercevant Lucile.

C'est Lucile... pauvre enfant !... Mais pourquoi aller plus loin ?... c'est Dieu qui me l'envoie !... N'est-ce pas elle qui lui a servi de mère ?...

LUCILE, prête à défaillir.

Par ici !... à moi !...

LOUISE, s'approchant.

Tais-toi !... tais-toi !...

LUCILE se jetant dans ses bras.

Louise !... enfin... c'est toi...

LOUISE.

Oui, moi ! je bénis Dieu de t'avoir rencontrée !...

LUCILE.

Pourquoi donc me fuyais-tu ?...

LOUISE.

Lucile... écoute... j'ai quelque chose à te dire... mon enfant est là !...

LUCILE.

Dans la Closerie des Genêts ?

LOUISE.

Je voulais le confier à M. de Montéclain... Tu le lui porteras, toi... tu lui diras que je le lui donne...

LUCILE.

Que veux-tu dire ?...

LOUISE.

Et si ton père est juste, c'est à vous deux qu'il appartiendra.

LUCILE.

Louise !... Louise !...

LOUISE.

Adieu, Lucile... sois heureuse, toi !...

LUCILE.

Où vas-tu, Louise ?... Louise, écoute-moi !... je ne prendrai pas soin de ton enfant...

LOUISE.

Est-ce que je ne te connais pas !... Tu l'aimeras, n'est-ce pas ? et tu ne lui apprendras pas à maudire le nom de sa mère ?

LUCILE.

Louise, Louise, écoute-moi !... Louise !...

LOUISE.

Non, laisse-moi !...

LUCILE.

Arrête !... Louise !... Louise !... A moi !... à moi ! à moi !...

(Sa voix s'éteint peu à peu, et elle tombe sans connaissance au pied du vieux saule, à droite.)

LOUISE, s'apprêtant à lui porter secours.

O Mon Dieu !... elle s'évanouit.

KÉROUAN, au loin.

Louise !... Louise !...

LOUISE, se relevant avec terreur.

Mon père !... fuyons !... Mais mon enfant... mais Lucile... Oh !... ils les trouveront tous deux. Adieu !... adieu ! ma vie !... C'est à vous maintenant que j'appartiens, mon Dieu !..

(Elle sort précipitamment.)

SCÈNE IV.

LUCILE, ALY, KÉROUAN, MADELINE, LE GÉNÉRAL, DOMINIQUE; DES PAYSANS, armés de torches.

KÉROUAN, en dehors.

Tenez la rive !... tenez la rive !...

LUCILE, revenant à elle.

Par ici !... par ici !...

ALY, entrant.

Ah ! c'est elle !...

KÉROUAN, accourant avec tout le monde.

Ma fille !... ma fille !...

ALY.

Non, mon père... c'est Lucile...

LE GÉNÉRAL.

Lucile !...

ALY.

De l'eau ! de l'eau !... elle est évanouie !...

MADELINE.

Je vais en chercher...

(Elle disparaît sous les saules du fond.)

ALY.

Mais j'en suis sûr, j'ai entendu la voix de Louise.

KÉROUAN.

Où est-elle ?

LUCILE.

Je ne sais pas.

KÉROUAN.

Ah ! malheureux !...

MADELINE, en dehors, poussant un cri.

Ah !...   (Elle rentre rapidement.)

TOUS, remontant la scène.

Qu'y a-t-il ?

MADELINE, avec épouvante.

Là-bas... au sommet de la roche Brune... voyez-vous cette ombre ?...

TOUS, regardant au loin vers la gauche.

Une femme !...

LE GÉNÉRAL.

Louise, peut-être !.

KÉROUAN, qui a monté sur le pont.

Elle s'arrête...

ALY.

Elle se met à genoux !... demeurez...

(Il se glisse le long du bord et se jette à la nage.)

MADELINE.

Elle prie...

KÉROUAN.

Silence !... je vois Aly qui approche.

LE GÉNÉRAL.

Miséricorde ! la voilà qui se lève.

DOMINIQUE.

Ah ! le voilà !...

LUCILE.

Elle l'a vue !...

(Le bruit d'une chute dans le lac se fait entendre.)

TOUS, poussant un cri.

Ah !

LE GÉNÉRAL.

Dans le gouffre !...

DOMINIQUE.

Aly saute après !... Courage !... courage, gars !...

KÉROUAN, tombant à genoux.

Mon Dieu ! mon Dieu ! me les prendrez-vous tous deux !...

DOMINIQUE.

Ah ! tonnerre ! elle a disparu !...

KÉROUAN.

Oh ! je mourrai avec eux... ou je les sauverai !...   (Il veut s'élancer.)

LE GÉNÉRAL, le retenant.

Arrête, mon ami ! Kérouan !...

DOMINIQUE.

Tenez-le bien ! Si quelqu'un peut les sauver, c'est moi !...   (Il disparaît un moment.)

KÉROUAN, au général qui le tient toujours.

Laisse-moi !...

DOMINIQUE, rentrant avec Aly.

Voilà ton fils, Kérouan...

ALY.

Pardonnez-moi, mon père, d'avoir manqué de force pour la sauver.

KÉROUAN.

Ah ! Dieu t'a conservé à moi... Dieu est bon... mon fils... Dieu est juste !... (Il l'embrasse.) Mais Louise ! Louise !

5

SCÈNE V.

LES MÊMES, GEORGES.

GEORGES, accourant.

Mon père !... Kérouan !... Louise !...

TOUS.

Lui !... Georges !...

GEORGES.

Mon père ! nous sommes sauvés !... Mme de Beauval ne mérite plus que nos mépris; ce nom n'était pas le sien... ce mariage est nul... et Louise sera à moi !...

KÉROUAN, allant à lui.

Louise ? Louise ?... Va voir, misérable, ce cadavre que l'on vient d'arracher de l'abîme.

GEORGES.

Louise... morte !...

ALY.

Oui, morte... morte parce que vous l'avez aimée, parce que vous l'avez trompée... (Donnant à son père les deux épées qu'il avait apportées.) Mon père, c'était ici le lieu du combat...

LE GÉNÉRAL et TOUS.

Que dit-il ?

LE GÉNÉRAL.

Kérouan !... Kérouan, après quarante ans d'amitié, ton fils et le mien... mais c'est impossible !...

KÉROUAN, avec énergie.

Louise est morte !...

LE GÉNÉRAL.

Kérouan, c'est un combat sacrilége !

KÉROUAN, de même.

Louise est morte déshonorée, perdue.

GEORGES.

J'ai mérité la mort; tuez-moi donc... je ne me défendrai pas.

ALY.

Après avoir déshonoré la sœur, voulez-vous donc déshonorer le frère, voulez-vous donc que je vous assassine ?...

GEORGES.

Donnez-moi donc une arme. (A son père.) Mon père, il faut en finir...

LE GÉNÉRAL, bas, d'une voix tremblante, à son fils.

Défends-toi du moins, malheureux, défends-toi !...

KÉROUAN, donnant une des épées à Georges et l'autre à Aly.

Voici les épées de vos pères...

DOMINIQUE.

Mais ils ne peuvent s'égorger ainsi dans la nuit !...

KÉROUAN, arrachant une torche des mains d'un des paysans.

Eh bien !... j'éclairerai le combat... (A Aly.) Louise est morte... tue-le !...

LUCILE, tombant aux pieds du général, et cachant sa tête dans son sein.

Mon père... mon père !...

LE GÉNÉRAL.

Apprends, enfant, ce que coûte l'honneur d'une femme !

(Les deux jeunes gens combattent. On entend les cris : Arrêtez ! arrêtez !)

SCÈNE VI.

LES MÊMES, LOUISE, MONTÉCLAIN, PAYSANS, portant des torches allumées.

LOUISE, accourant, soutenue par Montéclain.

Arrêtez !...

TOUS.

Louise !...

KÉROUAN.

Grand Dieu !... est-ce un fantôme !

LOUISE.

Mon père... c'est moi... c'est votre fille, sauvée par M. de Montéclain !...

KÉROUAN.

Ma fille !... (Il la serre dans ses bras.)

LE GÉNÉRAL.

Mais cette femme que nous avons vue là... tout à l'heure ?...

MONTÉCLAIN.

Elle s'est punie plus sévèrement que la loi n'eût pu le faire.

LE GÉNÉRAL.

Mme de Beauval !

TOUS.

Mme de Beauval !

MONTÉCLAIN.

Mme de Beauval est morte !

LOUISE, à Kérouan.

Vous m'avez pardonnée... mon enfant est là... ne pardonnerez-vous pas à son père ?...

KÉROUAN.

Prends-la, Georges, et n'oublie pas ce que ton bonheur nous a coûté.

DOMINIQUE.

Allons, j'élèverai le moutard, et je lui apprendrai l'exercice !...

MONTÉCLAIN.

Général, je suis entré aujourd'hui dans votre maison; ne voulez-vous pas entrer dans la mienne ?... vous y trouverez vos amis.

LE GÉNÉRAL, mettant la main de Lucile dans celle de Montéclain.

J'y trouverai un fils... (Allant à Kérouan.) Eh bien, mon brave Kérouan ?

KÉROUAN.

Eh bien, tu vois, Simon, qu'il y a encore des vieux nobles qui valent quelque chose...

LE GÉNÉRAL.

Il faut bien qu'il y en ait un par-ci, par-là.

(Transports et cris joyeux de tous les paysans. — Le rideau tombe.)

FIN.

Paris. — Imprimerie de **BOULÉ**, rue Coq-Héron, 3.

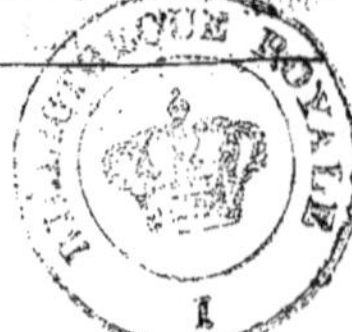

[illegible]

COMPTE RENDU DE L'ACADÉMIE [illegible] DE MÉDECINE [illegible]

[illegible]

[illegible]